悦读悦好

经典润泽心灵
文学点亮人生

读一本好书
点亮一盏心灯
用经典之笔
打好人生底色
与名著为伴
塑造美好心灵

一本书像一艘船
带领我们从狭隘的地方
驶向人生的无限广阔的海洋

伴随孩子成长

经典文学
彩色美绘本

JING DIAN WEN XUE

循序渐进地
掌握阅读方法

权威专家亲自审订 一线教师倾力加盟

SANSHILIUJIGUSHI

教育部推荐
语文新课标必读丛书

三十六计故事

博尔/改编

重庆出版集团 重庆出版社

图书在版编目（CIP）数据

三十六计故事 / 博尔改编. — 重庆：重庆出版社，2015.5（2018.10重印）
ISBN 978-7-229-09792-9

Ⅰ.①三… Ⅱ.①博… Ⅲ.①兵法－中国－古代－青少年读物
Ⅳ.①E892.2-49

中国版本图书馆CIP数据核字（2015）第086507号

三十六计故事

博尔　改编

———————————————————————

责任编辑：杨冬梅
装帧设计：文　利

———————————————————————

 重庆出版集团
重庆出版社 出版、发行

重庆市南岸区南滨路162号1幢
邮政编码：400061　http://www.cqph.com
滨州传媒集团印务有限公司印刷
全国新华书店经销

———————————————————————

开本：710mm×1000mm　1/16　印张：11　字数：134千
2015年8月第1版　　2018年10月第4次印刷
ISBN 978-7-229-09792-9
定价：30.00元

———————————————————————

如发现质量问题，请与我们联系：（010）52464663

———————————————————————

◎ 扬起书海远航的风帆

——写在"悦读悦好"丛书问世之际

阅读是中小学语文教学的重要任务之一。只有把阅读切实抓好了，才可能从根本上提高中小学生的语文水平。

青少年正处于求知的黄金岁月，必须热爱阅读，学会阅读，多读书，读好书。

然而，书海茫茫，该从哪里"入海"呢？

这套"悦读悦好"丛书，就是给广大青少年书海扬帆指点迷津的一盏引航灯。

"悦读悦好"丛书以教育部制定的《语文课程标准》中推荐的阅读书目为依据，精选了六十余部古今中外的名著。这些名著能够陶冶你们的心灵，启迪你们的智慧，营养丰富，而且"香甜可口"。相信每一位青少年朋友都会爱不释手。

阅读可以自我摸索，也可以拜师指导，后者比前者显然有更高的阅读效率。本丛书对每一部作品的作者、生平、作品特点及生僻的词语均作了必要的注释，为青少年的阅读扫清了知识上的障碍。然后以互动栏目的形式，设计了一系列理解作品的习题，从字词的认读，到内容的掌握，再到立意的感悟、写法的借鉴等，应有尽有，确保大家能够由浅入深、循序渐进地掌握科学阅读的基本方法。

本丛书为青少年学会阅读铺就了一条平坦的大道，它将帮助青少年在人生的路上纵马奔驰。

本丛书既可供大家自读、自学、自练，又可供教师在课堂上作为"课本"使用，也可作为家长辅导孩子学好语文的参考资料。

众所周知，阅读是一种能力。任何能力，都是练会的，而不是讲会的。再好的"课本"，也得靠同学们亲自费眼神、动脑筋去读，去学，去练。再明亮的"引航灯"，也只能起引领作用，代替不了你驾轻舟乘风破浪的航行。正所谓"师傅领进门，修行靠个人"。

作为一名语文教育的老工作者，我衷心地祝福青少年们：以本丛书升起风帆，开启在书海的壮丽远航，早日练出卓越的阅读能力，读万卷书，行万里路，成为信息时代的巨人！

高兴之余，说了以上的话，是为序。

人民教育出版社编审
原全国中语会理事长
张定远
2014.10 北京

◎ 悦读悦好 ◎

很多时候，我们往往是有了结果才来探求过程，比如某同学考试得满分或者第一名，大家在叹服之余自然会追问一个问题——他（她）是怎么学的？……

能得满分或第一名的同学自然是优秀的。但不要忘了，其实我们自己也很优秀，我们还没有取得优异成绩的原因可能是勤奋不够，也可能是学习意识没有形成、学习方法不够有效……

优秀的同学非常注重自身的修炼，注意培养良好的学习习惯和学习能力，尤其是总结适合自己的学习方法和学习途径。阅读是丰富和发展自己的重要方法和途径，阅读可以使我们获得大量知识信息，丰富知识储量，阅读使我们感悟出更多、更好的东西——我们在阅读中获得、在阅读中感悟、在阅读中进步、在阅读中提升。

为帮助广大学生在学习好科学知识、取得理想的学业成绩的同时，还能培养良好的学习意识和学习能力、构建科学的学习策略，形成属于自己的学习方法和发展路线，我们聘请全国教育专家、人民教育出版社语文资深编审张定远、熊江平、孟令全等权威专家和一批资深教研员、名师、著名心理学咨询师联袂打造本系列丛书——"悦读悦好"。丛书精选新课标推荐名著，在构造上力求知识性、趣味性的统一，符合学生的年龄特点、阅读习惯和行为习惯。更在培养阅读意识、传授阅读方法、提升阅读能力上有独特的创新，并增加"悦读必考"栏目以促进学生有效完成学业，取得优良成绩。

本丛书图文并茂，栏目设置科学合理，解读通俗易懂，由浅入深，根据教学需要划分为初级版、中级版和高级版三个模块，层次清晰。既适合课堂集中学习，也充分照顾学生自学的需求，还适合家长辅导使用；既有知识系统梳理和讲解，也有适量的知识拓展；既留给学生充分的选择空间，也充分体现新课改对考试的要求，是一套有价值的学习读物。

没有最好，只有更好。本套丛书在编撰过程中，得到教育专家、名师的广之关注指导，广大教师和同学们的积极支持参与，对此我们表示最真诚的感谢！我们将热忱欢迎广大教师和学生给我们提出宝贵意见，以便再版时丰富完善。

"悦读悦好"编委会

◎ 功能结构示意图 ◎

★ 注 释

选读，通过对字、词、句、段的注解，帮助学生有效地理解和运用。

★ 精美插图

充满童趣的精美插图，与内容紧密结合，相得益彰，同时活跃了版面，增加了学生阅读的愿望和情趣。

★ 悦读品味

精读，分层次、多视角剖析选文，通过事理来引导学生树立正确的人生观、价值观和世界观，培养学生自律、进取的意志。

★ 古文今译

选读，用通俗易懂的语言翻译全文。帮助学生更加深入地理解经典文化。

★ 悦读链接

选读，精选与选文关联的知识、人物、事件等，帮助学生更好地理解选文，拓宽视野。

★ 悦读故事

精读，精选与选文相关的名人故事，激励学生树立正确的人生目标，培养良好的道德品质。

★ 悦读必考

必做，精选学生必考的知识点，与教学考试接轨，同时通过练习提高学习成绩，强化学习能力。

"悦读悦好"系列阅读计划

在人的一生中，获得知识离不开阅读。可以说阅读在帮助孩子学习知识、掌握技能、培养能力、健康成长等方面都有着重要的不可或缺的作用。阅读不仅仅帮助孩子取得较好的考试成绩，而且对孩子各种基础能力的提高都有重大的意义。培养孩子的阅读兴趣和养成良好的阅读习惯、掌握有效的阅读技能是教育首先要解决的重大课题之一。为此，我们为学生制订了如下科学合理的阅读计划。

学 段	阅读策略	阅读建议
1~2年级	适合蒙学，主要特点是韵律诵读、识字、写字和复述文段等。目标:初步了解文段的大致意思、记住主要的知识要点。	适合群学——诵读比赛、接龙、抢答。阅读4~8本经典名著，以简单理解和兴趣阅读为主，建议精读1本(背诵)，每周应不少于6小时。
3~4年级	适合意念阅读，在教师或家长引导下，培养由需求而产生的愿望、向往或冲动的阅读行为。目标:培养阅读兴趣，养成良好的阅读习惯。	适合兴趣阅读和群学。阅读8~16本经典名著，以理解、欣赏阅读为主，逐步关注学生自己喜欢或好的作品，每周应不少于6小时。
5~6年级	适合有目的的理解性阅读，主要特点是依据教学和自身的需要选择合适的阅读材料。目标:逐步培养阅读能力，培养学习意志和初步选择意识。	适合目标性阅读和选择性阅读。选择与教学关联为主的阅读材料;选择经典名著并对经典名著有自己的理解和偏好。每周应不少于10小时。
7~9年级	适合欣赏、联想性和获取知识性阅读。学生的人生观、世界观和价值观日渐形成，通过阅读积累知识、提高能力、理解反思，达成成长目标。	适合鉴赏和分析性阅读。适当加大精读数量，培养阅读品质(如意志、心态等)，形成分析、反省、质疑和批判性的阅读能力。

目录 MU LU

胜战计

瞒天过海

围魏救赵

借刀杀人

以逸待劳

趁火打劫

声东击西

第一计　瞒天过海

备周则意怠[1]，常见则不疑。阴在阳之内，不在阳之对。太阳，太阴[2]。

注　释

[1] 备周则意怠：防备十分周密，往往容易让人斗志松懈。　[2] 太阳，太阴：暗示至阴之术，可用来做至阳之事；至阴之术，可以转化为至阳之效果。反之亦然。太，极大。

古文今译

防备得周全时，更容易麻痹大意；习以为常的事，也常会失去警戒。秘密常潜藏在公开的事物里，并非存在于公开暴露的事物之外。阴计可用于阳事进程中，而不是阳事的敌对面。至阴之术，可以为至阳之目的服务。

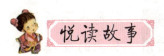

悦读故事

[庞涓之死]

庞涓自从"围魏救赵"而败于孙膑之后，日夜不安。不久，庞涓就

率兵攻打韩国。韩国自知无法取胜，便派人到齐国求救。

齐宣王听说韩国来求救，连忙召集群臣在朝堂议事，讨论到底是救还是不救。

孙膑说："救和不救都不太好。我认为，大王应采取这种方法：先答应救韩，以稳定其心，韩国必然要坚持与魏国死战。等到两国都疲惫不堪之时，我们再出兵攻魏。这样，我们不用费力就可以打败筋疲力尽的魏军；同时也解救了快要失败的韩国，他们必定感激。我们事半功倍，不是更好吗？"

宣王十分佩服孙膑的智谋，便命田忌、孙膑率兵，伺机救韩。

韩、魏两国打了一段时间以后，齐军该出兵了。可这时，孙膑又谋划不直接救韩，而去攻打魏国的都城大梁。

庞涓闻讯，怒火中烧，大骂孙膑狡诈，于是气冲冲地率兵转而迎战齐军。孙膑得知庞涓领兵来战，就劝田忌不要去迎敌。

田忌不解地问道："以逸待劳，不是上次的战法吗？"

孙膑答道："这次不一样，庞涓心怀愤怒，如果正面交锋，我军即使取胜，损失也会很大。不如以退为进，诱敌深入。"孙膑小声地说出了自己的计策。

庞涓率兵赶回魏国时，齐军已经撤离。可庞涓这次决心与孙膑拼个你死我活，于是下令追击，他事先派人到齐军留下来的营垒中数灶迹的数量，结果竟有10万之多。庞涓吃了一惊："齐军人数众多，我们千万不能轻敌！"追了一天之后，他再派人数齐军留下的灶迹，只剩5万了。庞涓大喜："原来齐兵如此厌战，听到我魏军的声威，更是闻风丧胆，逃亡过半了！"于是下令紧追，到了第三天，灶只剩下3万了。庞涓大喜过望，以为齐军三天之内逃亡过半，此战魏军必胜。于是下令："加紧追赶，务必活捉孙膑！"他自己更是披甲执戈，亲自率领两万精锐骑兵，日夜兼程，追赶齐军。

孙膑计算了魏军的行程、地点之后，在马陵道设下伏兵。马陵道是夹在两座山之间的峡谷，进易出难。孙膑命人把道中间一棵大树上的一大片树皮刮下，在上面写下八个大字——"庞涓死于此树之下"，然后在附近安排了五千名弓弩手，并下了命令："只要看到树下有火光，就一起放箭！"

庞涓领兵赶到马陵道时，已是黄昏时分。这时有士兵报告："前面谷口有乱石断树挡住道路。"庞涓听了十分得意："看来是齐军怕被追上，才设置障碍。他们不会走多远，快搬开障碍，加紧追赶！"说罢，一马当先，率兵冲进峡谷。

部队正在前进，忽然被道路中央的一棵大树挡住了去路，前面的士兵隐约见到树干上有字迹，可天已经黑下来了，庞涓便命人点亮火把，自己亲自上前辨认树上的字。等到看清，立刻大惊失色："不

好，我中计了！"话音未落，只听一声锣响，万箭齐发，魏军顿时阵脚大乱，自相踩踏，庞涓身中数箭，自知在劫难逃，便拔剑自刎。齐军乘胜追击，正好遇上太子申率后军赶到。齐军一阵冲杀生擒了太子申，大获全胜。

悦读品味

所谓瞒天过海，就是故意一而再，再而三地用伪装的手段迷惑、欺骗对方，使对方放松戒备，然后突然行动，从而达到取胜的目的。孙膑巧用减灶之法瞒天过海，使庞涓上当兵败。在日常生活中，我们要准确把握全局，正确判断事物的发展规律，这样做事才能得体。

悦读链接

[派克的起死回生]

"派克笔"曾是中国钢笔市场上最受欢迎的产品，特别是第二次世界大战结束后，派克公司在中国的发展步入了巅峰时期。

但是，匈牙利的贝罗兄弟发明了实用、方便、廉价的圆珠笔，打破了"派克笔"对市场的垄断，甚至一度将派克公司逼入了濒临破产的境地。

派克公司的欧洲高级主管马科利趁机买下了派克公司，并重新策划市场战略：第一步，削减派克钢笔的产量，并提高销售价；第二步，加大宣传力度，提高派克钢笔的品牌地位，特别是通过让派克钢笔获得伊丽莎白二世所用笔的资格，使得派克钢笔从普通的钢笔，摇身一变成为用以炫耀、装饰的奢侈品。

马科利的一系列举措，终于使派克公司走出了困境，重新焕发了生机。

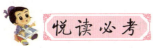 悦读必考

1. 给下列词语中的加点字注音。

孙膑（　　　） 疲惫（　　　） 障碍（　　　） 踩踏（　　　）

2. 下列句子中加点的成语使用正确的一项是 （　　　）

A. 孙膑用减灶之计，诱使庞涓上当，收到了事半功倍的效果。

B. 这次期中考试表彰大会，她得了特等奖，并受到校长的表扬，她高兴得眉飞色舞。

C. 孙膑按兵不动，待韩魏两军疲惫之时，以逸待劳，痛击魏军，大败庞涓。

D. 对于"和平号"的坠落，美国人应该高兴，因为强大的对手销声匿迹了，他们可以放下多年压在心头的石头了。

3. 用下列关联词语造句。

只要……就……

_____

不仅……而且……

_____

第二计　围魏救赵

共敌不如分敌，敌阳不如敌阴❶。

注　释

❶敌阳不如敌阴：攻击敌军的阳刚部分，不如攻击敌人的阴弱部分。敌，动词，攻打。

古文今译

　　进攻兵力集中、实力强大的敌军，不如把强大的敌军分散削弱了再攻击。攻击敌军的强盛部分，不如攻击敌军的阴弱部分来得有效。

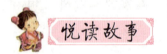
悦读故事

〔班超智勇服鄯善〕

　　公元73年，班超带着30多人来到鄯善国（今新疆若羌）。鄯善王想归附汉朝，又想归附匈奴，正在举棋未定，班超一行人来临，鄯善国王恭敬异常，三日一小宴，五日一大宴。可是过了一段时间，班超正准备动身前往别国，忽然觉得鄯善王对待他们不如先前热情了，供给的酒食也不如从前丰盛。班超当即起了疑心，他估计一定是匈奴使者到了，鄯

善王怕得罪匈奴，因而故意冷落汉使。

　　班超召集全体随从人员喝酒，正喝得酣畅淋漓时，班超双手捧起酒碗，站起来对大家激愤地说："你们和我都已身处绝境，生死难卜。匈奴使者来这儿才几天，鄯善王就冷淡咱们。若他欺咱们人少势单，把咱们捆绑起来送给匈奴，他倒可以向匈奴单于邀功请赏，咱们却要身首分离，尸骨埋没异乡。大伙儿说说，该怎么办？"大家顿时全慌了神，说道："生死与共，我们已插翅难逃，是死是活，全听您班大人的！"

　　班超喝了一大口酒，声音更加激昂："不入虎穴，焉得虎子！现在唯一的办法，就是趁着黑夜，摸到匈奴使者的帐篷周围，一面放火，一面进攻。他们不知道咱们有多少兵马，一定心慌。只要杀了匈奴使者，鄯善王就不敢倒向匈奴，这样，他就不得不归顺大汉朝了。"

　　半夜时分，班超带着36个壮士出发了。当晚恰巧刮大风。班超安排10个人拿着鼓隐蔽在帐篷后面，吩咐他们："看到大火烧起，就拼命擂鼓，并大声喊叫造声势。"另外20个壮士手持弓弩埋伏在帐门两侧。准备就绪，班超带领剩下的6个人顺着风向放火。刹那间，火光冲天而起。10个人

同时擂鼓、呐喊，其余的人大喊大叫着冲杀进帐篷里。匈奴兵从梦中惊醒，急得走投无路。班超打头阵冲进帐篷，手起刀落，转眼间，3个匈奴军官的头颅全部落地。其余壮士跟着冲进帐篷，杀死匈奴使者和30多个随从。100多名匈奴兵被大火烧死，仅剩数人侥幸逃脱。

天亮后，班超请来了鄯善王。鄯善王一眼看到汉使手中拎着匈奴使者的人头，吓得大惊失色，忙趴在地上，磕头发誓："愿意听从大汉皇帝的天命！"

围魏救赵是以逆向思维的方式，以表面看来舍近求远的方法，绕开问题的表面现象，从事物的本源上去解决问题，从而取得一招制胜的神奇效果。班超从另外一个角度思考问题，杀了匈奴使者，断了鄯善王的后路，使其臣服。我们平时做事遇到难以解决的问题时，也应该勤思考，善用脑。

[姜太公策反东夷救周]

纣王是商朝的第三十二位君主，他残暴且沉迷享乐。他大兴土木，建造了很多琼楼瑶台，每天过着"以酒为池，以肉为林"的生活。他定下了一条叫做"炮烙"的酷刑，只要有人反对他，他就会将那人捆起来，用烧红的铜柱活活烙死。他的叔父比干看不下去了，就劝他，他竟残忍地挖了比干的心。

010

在纣王的残暴统治下，国家民不聊生，百姓怨声载道。

这时，渭水流域的周国逐渐强大起来，周的祖先姓姬，据说是远古时期的农师，他们世代管理农业。当时的周国首领周文王见纣王暴虐，决心推翻纣王的统治，他任用贤人姜太公，对内积极发展农业，整顿政治和军事，对外收服周边部落，开拓疆土，以削弱商朝的势力。

周国的势力越来越强，从周的上一代君主到周文王姬昌，周国开辟的领土已有"三分天下有其二"。经过一番策划，周文王领兵讨伐暴君商纣王，商军节节败退，周文王一直打到了黎城。可是在的黎城这一场恶战中，商朝军队靠着杀伤力极强的武器，把周文王打得大败。这一场败仗，让周国损失惨重。

商纣王打退了周军之后，察觉到了来自周国的强大威胁，决定趁着周国国力大大被削弱的机会消灭它。周文王的谋士姜太公意识到了周国的危机，他知道刚刚经历一场败仗的周国根本无法再与商朝倾国而出的大军抗衡，于是他想到了一个主意，就匆忙离开了周国。商纣王经过一番周密的准备，大军正要出征，可就在这个时候，却传来了东夷叛乱的消息。而东夷的叛乱，正是姜太公策划的，他离开周国以后，就马不停蹄地赶到了东夷。商纣王不得不取消了对周国的军事行动，商朝的军队被迫调头向东夷进发。周文王病逝之后，周武王继承了父亲的遗志，他重用姜太公等贤人，不断增强国力，利用商纣王征伐东夷的时间重振旗鼓。当商朝的大部分军队都在遥远的东夷作战，国内防守十分薄弱的时候，周武王率领大军杀向商都朝歌，与商军在牧野展开了一场大战。这就是历史上有名的"牧野之战"。在这场大战中，商军一败涂地，纣王逃回朝歌自焚而亡。周军攻占朝歌，商朝灭亡。

姜太公以围魏救赵之计策反东夷，解救了处于危难中的周国，使商

纣无暇西顾，而让周武王有充分的时间重整旗鼓，为后来牧野之战的胜利奠定了基础，加速了商朝的灭亡。

1.给下面词语中的加点字注音。

若羌（　　　） 帐篷（　　　） 侥幸（　　　）

2.联系文章内容，仿写下列句子。

例：老师教育学生，在于他拥有一把开启学生心灵的钥匙。

班超_____，在于他拥有_____。

❶友未定：就是说盟友对主战的双方尚持徘徊、观望的态度，其主意不明不定的情况。友，指军事上的盟者，也即敌我两方之外的第三者，可以一时结盟而借力的人、集团或国家。

三十六计故事

SANSHILIUJI GUSHI

古文今译

敌人的情况已经明了，友方的态度尚未确定。利用友方的力量去消灭敌人，自己不需要付出什么力量，这是从《损卦》推演出的计策。

悦读故事

[曹操借头平众怒]

曹操与袁术在寿春交战，由于曹军势大，袁军守将李丰坚守不战。曹兵17万人每天耗费粮食量浩大，又连年饥荒干旱，眼看军粮就要接济不上了。

一天，管粮官任峻部下的仓官王垕前往禀报曹操说："现在兵多粮少，我们该怎么办？"曹操回答说："可以用小斛分发军粮，暂且救一时之急吧！"王垕说："兵士如果埋怨起来，对我军不利啊！"曹操说："这你不用管，我自有办法。"

王垕依照曹操的命令，以小斛分发军粮。曹操暗中派人到各营寨去探

听风声，各营寨怨声载道，都说丞相欺骗了大家。曹操于是密召王垕入帐，对他说："我想向你借一件东西，以此平息众怒，你可不要吝惜。"

王垕说："丞相想借什么东西？"

曹操说："我想借你的项上人头用以示众！"

王垕大惊失色，说："我实在无罪啊！"

曹操说："我也知道你无罪，但如果不杀你，军心就难以稳定。放心，你死后，你的妻子儿女我会为你照顾。你就不必多虑了。"

王垕再想申辩时，曹操早就吩咐刀斧手，将王垕推出门外斩了。然后，曹操命令把王垕的人头悬挂在高杆上面，并贴出告示："王垕故意用小斛分发粮米，盗窃官粮，谨按军法，斩头示众。"于是众怨开始缓解。

悦读品味

曹操为了保存自己的实力而巧妙地利用矛盾，自己既没有受到损失，又达到了消耗敌方实力的目的。文中语言描写简洁，人物形象鲜明。特别是人物对话，简洁有力，寥寥数语，曹操的智谋与狡诈跃然纸上，给读者留下了深刻的印象。

悦读链接

〔刘备一言杀吕布〕

吕布以勇武闻名于世，但最后还是被曹操生擒。吕布有意向曹操投

降，他对曹操说："您所担忧的人没有比我吕布更强的了。我现在归顺您，天下就是您的。由您率领步兵，由我来带领骑兵，平定诸侯就易如反掌了。"

曹操被说动了心，想招降吕布，但又对吕布的诚意有些怀疑。正在这时，旁边的刘备说了一句话："曹公啊，您难道没有看到丁建阳和董太师的下场吗？"

曹操于是下令绞死了吕布。

原来，吕布最初是丁建阳的部下，后来吕布在董卓的唆使下杀死了丁建阳。董卓入京后，挟持天子，自称太师，因而被称作董太师。后来董卓因王允巧施连环计也死在吕布手里。经刘备这么一说，曹操下决心杀了吕布。

那么，刘备为什么要置吕布于死地呢？原来，刘备虽然暂时依从曹操，却怀有自立之心。吕布所说的，正是刘备所担忧的。如果曹吕联合，必然给刘备未来的事业带来重重阻力。当年在虎牢关，吕布一个人在天下诸侯面前独战刘备、关羽、张飞三个人都能进退自如，如果他投降了曹操，又有谁是他们的对手呢？

刘备利用了曹操的多疑性格，借曹操之手杀了吕布，刘备的智谋可见一斑。

悦读必考

1. 给下面词语中的加点字注音。

埋（　　）怨　　小斛（　　）　　怨声载（　　）道

2. 把"我实在无罪啊"改为反问句，并分析一下表达效果有何不同。

3. "斛"是古代的容量单位，你能再举出几个表示古代容量单位的词语吗？

_____

_____

_____

第四计　以逸待劳

困敌之势，不以战；损刚益柔❶。

❶ 损刚益柔：意谓困敌可用积极防御，逐渐消耗敌人的有生力量，使之由强变弱。

　　迫使敌人处在被围困的局面，不一定要采取进攻的手段，可以根据刚柔相互转化的原理，使强敌逐渐地消耗、疲惫，进而由强变弱，我军自然就会有所增益。

悦读故事

[火烧连营]

蜀汉章武元年（221）7月，刘备亲率蜀汉军队70多万，对吴国发动了大规模的战争。孙权在面临蜀军战略进攻的情况下，奋起应战。他任命右护军、镇西将军陆逊为大都督，统率5万人开赴前线，抵御蜀军；同时又遣使向曹丕称臣修好，以免两线作战。

陆逊上任后，果断地实施战略退却，一直后撤到夷道（今湖北宜都）、猇亭（今湖北宜都北古老背）一线。然后在那里转入防御，遏制蜀军的继续进兵。并集中兵力，准备决战。这样，吴军完全退出了高山峻岭地带，把兵力难以展开的数百里长的山地留给了蜀军。

222年正月，蜀汉水军进入夷陵地区，屯兵长江两岸。二月，刘备亲率主力从秭归进抵猇亭，建立了大本营。这时，蜀军已深入吴境二三百公里，由于遭到吴军的抵抗，其东进的势头停顿了下来。在吴军扼守要地、坚不出战的情况下，蜀军不得已在巫峡、建平（今四川巫山北）至夷陵一线数百里设立了几

十个营寨。

陆逊坚守不战，破坏了刘备倚仗优势兵力企求速战速决的战略意图。蜀军将士逐渐斗志涣散，失去了主动优势地位。六月的江南，正值酷暑时节，暑气逼人，蜀军将士不胜其苦。刘备无可奈何，只好将水军舍舟转移到陆地上，把军营设于深山密林，依傍溪涧，屯兵休整，准备等秋后再发动进攻。由于蜀军是处于吴境二三百公里的崎岖山道上，远离后方，故后勤保障多有困难，且加上刘备百里连营，兵力分散，从而为陆逊实施战略反击提供了可乘之机。

陆逊看到蜀军士气沮丧，决定由防御转入反攻。

在进行大规模反攻前夕，陆逊先派遣小部队进行了一次试探性的进攻。这次进攻虽未能奏效，但却使陆逊从中寻找到了破敌之法——火攻蜀军连营。因为当时江南正是炎夏季节，气候闷热，而蜀军的营寨都是由木栅筑成，其周围又全是树林、茅草，一旦起火，就会烧成

一片。

决战开始后，陆逊即命令吴军士卒各持茅草一把，乘夜突袭蜀军营寨，顺风放火。顿时火势猛烈，蜀军大乱。陆逊乘势发起反攻，迫使蜀军西退。吴军进展顺利，很快就攻破蜀军营寨40余座，并且用水军截断了蜀军长江两岸的联系。蜀军溃不成军，大部死伤和逃散，车、船和其他军用物资丧失殆尽。

刘备乘夜突围，逃到白帝城。陆逊顾忌曹魏方面乘机浑水摸鱼、袭击后方，于是停止了追击，主动撤兵。次年四月，刘备一病不起，死于白帝城。

以逸待劳指作战时不首先出击，而是养精蓄锐，以对付从远道来的疲劳的敌人。陆逊貌似弱小，以退为进，一劳永逸，终成大事。所以，我们平常的学习和工作中，对待问题要会"逸"，提高学习和工作效率，要"逸"而不"懒"。

〔王翦以逸待劳败大楚〕

战国末期，秦国少年将军李信率二十万军队攻打楚国，开始时，秦军连克数城，锐不可当。不久，李信中了楚将项燕伏兵之计，丢盔弃甲，狼狈而逃，秦军损失数万。后来，秦王又起用已告老还乡的王翦。王翦率领六十万军队，陈兵于楚国边境，楚军立即发重兵抗敌。老将

王翦只是待在城中不出，看似毫无进攻之意，他只是专心修筑城池，摆出一派坚壁固守的姿态。楚军急于击退秦军，但秦军就是闭门不出。王翦在军中鼓励将士养精蓄锐，吃饱喝足，休养生息。秦军将士人人身强力壮，精力充沛，平时操练，技艺精进，王翦心中十分高兴。一年后，楚军绷紧的弦早已松懈，将士已无斗志，认为秦军的确防守自保，于是决定东撤。王翦见时机已到，下令追击正在撤退的楚军。秦军将士人人如猛虎下山，只杀得楚军溃不成军。秦军乘胜追击，势不可当，公元前223年，秦灭楚。

　　王翦就是采用了"以逸待劳"的策略，休养生息，让楚国先"劳"，待其"劳"得疲惫之时，给敌人以痛击。

1. 描述一个场景，要求用上下列几个成语。（至少用上3个）

　　锐不可当　坚不可摧　摧枯拉朽　溃不成军

_____

_____

2. 用简练的语言概述陆逊火烧连营的故事情节。（不超过100字）

_____

_____

_____

第五计　趁火打劫

敌之害❶大，就势取利。刚决柔也❷。

注　释

❶害：指敌人所遭遇的困难、危险的处境。　❷刚决柔也：以"刚"喻己，以"柔"喻敌，言乘敌之危，就势而取胜的意思。

古文今译

敌军遇到了危险的处境，我军就乘机出兵以夺取胜利。这是乘敌之危，就势取胜的策略。

悦读故事

［曹操乘乱除二袁］

袁绍在官渡惨败之后，忧郁而死。这虽然对袁氏家族是一个沉重的打击，但袁绍的儿子和女婿仍握有重兵。

公元203年，曹操打算采用各个击破的办法，一举消灭袁氏的残余势力。当曹操首先进攻占据黎阳的袁绍长子袁谭时，袁谭在抵挡

不住的情况下火速向袁绍的幼子袁尚求助。由于二袁合兵，加上邺城城坚难攻，双方相持好几天，仍无结果。曹操无奈，转而南征荆州的刘表。袁氏两兄弟见曹操撤兵而去，便开始了争夺继承权的内讧，并大打出手。袁谭兵败，逃到平原，被袁尚团团围住。袁谭只好向曹操求援。

曹操想答应，谋臣荀攸持有异议，他劝曹操说："天下正值多事之秋，而刘表据有江汉之间，竟然没有扩充地盘的意思，由此可见这个人胸无大志，不足忧虑。而袁氏兄弟兵甲十万，占地千里，如果他们和睦相处，共守成业，我们就没办法得到冀州了。现在袁谭、袁尚兄弟交恶，势不两立。如果一方取胜，则兵力统一于一人。等到那时，要想打败他们就困难重重了。所以，我们应趁其内乱而取之，良机不可丧失。"

于是，曹操采用荀攸"趁火打劫"之计，兴兵至黎阳，先与袁谭联姻以稳其心，然后进攻袁尚。到次年八月，终于扫清了袁尚的势力。

第三年春，曹操又以"负约背盟"为名，消灭了袁谭，完全占有了冀州。袁氏几代经营的领地，终于转于曹操之手。

荀攸因其卓越的谋略，被曹操封为陵树亭侯。

曹操采纳谋臣荀攸建议，除掉了二袁，可谓乘人之危，也可看出曹操的足智多谋和爱惜人才。在经济发展迅速的今天，我们应该与人和睦相处，互建诚信，而不应该趁火打劫，互相伤害。

吴三桂引清兵入关

明朝末年，政治腐败，民生凋敝。崇祯皇帝宵衣旰食，想振兴大明。可是，他猜疑成性，贤臣良将根本不能在朝廷立足，他一连更换了十几个宰相，又杀了明将袁崇焕，他的周围都是些奸邪小人，明朝崩溃大局已定。

1644年，李自成率农民起义军一举攻占京城，建立了大顺王朝。可惜农民进京之后，立足未稳，首领们就渐渐腐化堕落。

明朝名将吴三桂的爱妾陈圆圆也被起义军将领掳去。吴三桂本是势利小人，惯于见风使舵。他看到明朝大势已去，李自成自立为大顺皇帝，本想投奔李自成巩固自己的势力。而李自成胜利之后，滋长了骄傲情绪，没把吴三桂看在眼里，抄了他的家，扣押了他的父亲，掳了他的爱妾。本来就朝三暮四的吴三桂，"冲冠一怒为红颜"，终于投靠清朝，借清兵势力消灭李自成。

多尔衮闻讯，欣喜若狂，认为时机成熟，可以实现多年的愿望了。这时中原内部战火纷飞，李自成江山未定，于是多尔衮迅速联合吴三桂的部队，进入山海关，只用了几天的时间就打到京城，赶走了李自成。

多尔衮联合吴三桂，"趁"李自成占领京城之"火"，"劫"了大明的江山，奠定了清朝占领中原的基础。

1.给下列词语注音。

（　　　）　　　　　（　　　）　　　　　　（　　　）　　　　　　（　　　　　）

邺城　　　　　　堕落　　　　　凋敝　　　　　宵衣旰食

2.请用一句话概述荀攸为曹操提出的建议。

_____

_____

3.查找资料，举出一个中国历史上趁火打劫的故事。

_____

_____

敌志乱萃❶，不虞❷，坤下兑上之象。利其不自主而取之。

❶敌志乱萃：敌人情志混乱且憔悴。萃，悴，即憔悴。　❷不虞：未预料。

 **古文今译**

（使）敌军乱撞乱碰，不能提防突发事件，即出现水在上、地在下的卦象所示的现象。要趁着敌人失去控制力把敌军一举消灭。

 **悦读故事**

曹操解白马之围

建安五年二月，袁绍准备南渡黄河进攻许都，消灭曹操，派上将颜良为先锋，率军攻打驻在白马的东郡太守刘延。

当时，袁绍已吞并了公孙瓒，拥有青州、冀州、幽州、并州四州的地盘，数十万军队，势力强大。

曹操手下的将领听说袁绍要来攻打许都的消息后，都认为难以抵挡。曹操却说："我了解袁绍这个人，志向大而才智低，外表强而胆量小，嫉妒刻薄而缺乏威严，兵士多而部署不明，将领骄横而政令不一。所以，他的土地虽然广大，粮食虽然丰富，却正好用来奉送给我们。"

话虽这样说，但军情来报，白马已被颜良军队团团围住，情况十分危急。一旦白马失守，形势将极为不利。所以，曹操决定先解白马之围。

谋士荀攸对曹操说："现在我们兵力不如袁绍，如果直接去救白马，必然敌他不过。所以，应当分散他的兵力。"

曹操说："先生说得对！但是，怎么来分散他的兵力呢？"

荀攸说："丞相可率军西去延津，声称要渡过黄河攻打袁绍的后方，这样，袁绍必然会分兵来同我军对抗。然后我们派出轻骑部队突然

回救白马，打他个措手不及，颜良的军队就可以被攻破了。"

曹操听后大喜，立即采纳了荀攸的计谋。挥师西进延津，一路虚张声势。

袁绍听说曹操西进渡河，果然也率领大军到延津阻截，决心与曹操决一死战。曹操见袁绍已经中计，便率领轻骑部队日夜兼程回救白马。到离白马还有十多里的地方，颜良才知道，一时惊慌失措，匆忙迎战。

那时，刘备刚被曹操打败，关羽为寻找刘备，也为了保护刘备的二位夫人，暂时投降在曹操军中。曹操派他与张辽做前锋。关羽一马当先与颜良对阵，曹操在山头观看。只见关羽奋然跃上赤兔马，倒提着青龙偃月刀，凤目圆睁，蚕眉直竖，直冲敌阵。颜良措手不及，被关羽手起刀落，竟然斩于万马军中。袁军没了首领，顿时大乱，曹军乘势掩杀，白马之围就这样被迅速地解除了。

悦读品味

声东击西是表面上声言攻打东面，其实是攻打西面，军事上使敌人产生错觉的一种战术。曹操表面上攻打袁绍，其目的是解白马之围。在生活中，我们会遇到各种挫折和困难，如果学会另辟蹊径，声东击西，有时会起到意想不到的效果。

郑成功收复台湾

台湾被荷兰殖民者统治数十年，郑成功立志收复台湾。

1661年4月，郑成功率2万5千名将士顺利登上澎湖岛。要占领台湾岛，赶走殖民军，必须先攻下赤崁城(今台南安平)。郑成功亲自寻访熟悉地势的当地老人，了解到攻打赤崁城只有两条航道可进：一条是攻南航道，这条道港阔水深，船只可以畅通无阻，又较易登陆，荷兰殖民军在此设有重兵，工事坚固，炮台密集，对准海面；另一条是攻北航通，直通鹿耳门，但是这条航道海水很浅，礁石密布，航通狭窄。殖民军还故意凿沉一些船只，阻塞航道。他们认为这里无法登陆，所以只派少量兵力防守。郑成功又进一步了解到，这条航道虽浅，但海水涨潮时，仍可以通大船，于是决定趁涨潮时先攻下鹿耳门，然后绕道从背后攻打赤崁城。

郑成功计划已定，首先派出部分战舰，浩浩荡荡，装作从南航道进攻。荷兰殖民军急忙调集大批军队防守航道。为了迷惑敌人，郑成功的部队声威浩大，喊声震天，炮火不断。这一下，郑成功非常成功地把殖民军的注意力全部吸引到了南航道。北航道上一片沉寂，殖民军以为平安无事。在一个月明星稀之夜，郑成功率领主力战舰，人不知，鬼不觉，乘海水涨潮时机迅速通过北航道登上鹿耳门。守军从梦中惊醒，发现已被包围。郑成功乘胜进兵，从背后攻下赤崁城。荷兰殖民军狼狈逃窜，台湾又回到祖国怀抱。

郑成功用声东击西之法，收复了台湾，建立了台湾第一个汉人政权，也带来一波汉人移民潮。郑成功虽然在攻下台湾的同一年逝世，但

继位的郑经与郑克塽持续统治台湾21年，并在陈永华的规划之下，引进中国明制的宫室、庙宇和各种典章制度，奠定了台湾在日后成为一个以汉民族文化为主的社会的基础。

悦读必考

1. 给下面加点的字注音。

刻薄（　　　　） 部署（　　　　） 公孙瓒（　　　　）

2. 下面四个句子各运用了什么修辞手法，请填在括号内。

（1）志向大而才智低，外表强而胆量小。（　　　）

（2）姑娘银铃般的笑声也跟着响起来。（　　　）

（3）不读书，无以知窗外的精彩；不读书，无以知世界的宽广；不读书，无以知文化的力量。（　　　）

（4）微风唤醒了沉睡的种子。（　　　）

3. 请搜集资料，和小朋友们分享一下关于曹操的故事吧！

_____

_____

_____

_____

敌战计

无中生有

暗度陈仓

隔岸观火

笑里藏刀

李代桃僵

顺手牵羊

第七计　无中生有

> 诳也，非诳也，实其所诳也[1]。少阴、太阴、太阳。

注　释

[1] **诳也，非诳也，实其所诳也**：指运用假象欺骗对方，但并非一假到底，而是让对方把受骗的假象当成真相。诳，欺诈，诓骗。实，实在，真实。

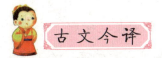

古文今译

不能用虚假的情况诓骗敌人到底，而是要巧妙地由虚变实，以各种假象掩盖真相，用小阴谋造成敌人的错觉，最后出其不意去攻击敌军。

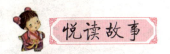

悦读故事

张巡草人变奇兵

张巡是唐代真源县的县令，为官清正廉明，文武双全，尤其精通兵法。安史之乱，附近州县纷纷投降了安禄山。真源县所属的谯郡太守杨万石也投降了叛军，并逼迫张巡一起投降。张巡率兵一千余人奋起反

抗，讨伐叛军，后来与单父尉贾贲会合，共计两千余人驻守雍丘城。

叛将令狐潮率兵四万余人攻打雍丘，贾贲战死，张巡也受了伤。但他奋不顾身，坚持战斗，士兵们都深受鼓舞，拼死奋战。两个多月过去了，大大小小经历了数百次的战斗，雍丘城仍自岿然不动。

可是，毕竟是孤城无援。粮食缺乏不说，就是守城用的箭也差不多用完了。如果敌人再来进犯，没有箭就很容易短兵相接，这对敌强我弱的形势是非常不利的。

怎么办呢？张巡苦苦思索，终于想到了一条妙计。

这天晚上，月光朦胧，城里城外一片宁静。忽然，围城的哨兵发现城头有情况！他连忙跑进营帐把正在熟睡的令狐潮叫醒，令狐潮披衣而起，借着月光向城头望去。果然，城头上一阵人影晃动，隐隐约约有无数身穿黑衣的士兵沿着绳索往城墙下滑。

"哼！他们居然想夜袭突围，给我射！"令狐潮命令一下，弓箭手们对着黑影万箭齐发。黑影纷纷坠落城墙，不少黑影又在往回爬。

"再射！再射！"弓箭手们一阵乱射，直折腾到天蒙蒙亮，令狐潮才发现，那些黑影哪里是什么士兵，原来全是些身穿黑衣的稻草人。

就这样，张巡用"草人借箭"之计，一夜之间赚了令狐潮数十万支箭。

第二天深夜，城头上又是一阵人影晃动，隐隐约约又有身穿黑衣的

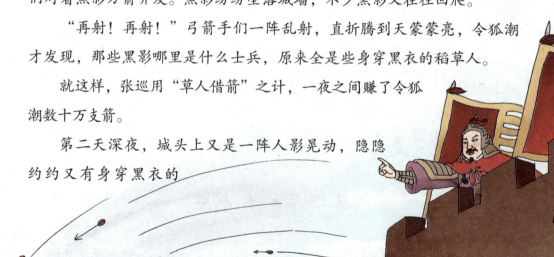

士兵沿着绳索往下滑。围城的哨兵看见了觉得好笑："哼！又想来赚我们的箭啦。看你们耍些什么鬼花样？"于是便不去报告。

谁知那些人影是真人，他们下了城墙后以迅雷不及掩耳之势冲进了敌人营帐，又是砍头，又是放火。叛军昨夜折腾了一宿，今晚正好呼呼大睡。只听得杀声四起，火光冲天，令狐潮从睡梦中惊醒，也搞不清有多少敌军进了营帐，慌乱之中爬起身来就跑。士兵们自相践踏，夺路逃窜，守城士兵乘胜追击，直把敌人赶出十余里之外。

原来，第二天晚上下城墙的，是张巡精选的五百名敢死队员。敌人误认为又是草人，所以被杀了个措手不及，大败而逃。

悦读品味

张巡用无中生有之计，战败了令狐潮。无中生有，就是真真假假，虚虚实实，真中有假，假中有真。虚实互变，扰乱敌人，使敌方造成判断失误，行动失误。在商场上，商人可以用"无中生有"创造财富；在文学艺术创造中，也可以启发作者创造一种空灵的意境，以引发读者无穷的遐思。

[张仪离间楚齐]

战国末期，七雄并立。秦国在七国中独树一帜，兵力最强。秦穆公早有吞并六国之心。但楚国面积最大，齐国地势最好。当时，齐楚结盟，秦国无法取胜。

秦国的相国张仪是个著名谋略家，他向秦王建议，离间齐楚，再分别击之。秦王觉得有理，遂派张仪出使楚国。

张仪带着厚礼拜见楚怀王，说秦国愿意把商于之地六百里送与楚国，条件是楚国要与齐国断绝结盟关系。楚怀王是一个见利忘义的君主，不顾大臣的反对，痛痛快快地答应了。怀王派逢侯丑与张仪赴秦，签订条约。张仪假装有病，故意拖延时间。逢侯丑好不容易见到秦王，但秦王的条件是：只要楚能绝齐，就与楚国签订六百里之地协约。

逢侯丑派人向楚怀王汇报，楚怀王像被灌了迷魂药，急着与秦签约，立即派人到齐国，大骂齐王，于是齐国绝楚和秦。

这时，张仪的"病"也好了，碰到逢侯丑，却说："我当时已说将我的奉邑六里送给楚王，现在就签这六里之约。"逢侯丑说："你说的是商于六百里！"张仪故作惊讶："哪里的话！秦国土地都是征战所得，岂能随意送人？你们听错了吧！"

逢侯丑无奈，只得回报楚怀王。怀王大怒，发兵攻秦。可是现在秦齐已经结盟，在两国夹击之下，楚军大败，秦军尽取汉中之地六百里。最后，怀王只得割地求和。

怀王中了张仪无中生有之计，不但没有得到好处，相反却丧失大片国土。

悦读必考

1. 给下列词语中的加点字注音。

( )　　( )　　( )　( )　　　( )

投降　　谯郡　　缺乏　　雍丘　　绳索

2. 生活中有时也要虚实结合，这与做人要诚实矛盾吗？联系生活实际，说说你的看法。

_____

_____

_____

第八计　暗度陈仓

示之以动❶，利其静而有主，益动而巽。

注　释

❶ 示之以动：示，给人看。动，这里指军事上的正面佯攻、佯动等迷惑敌方的军事行动。

故意向敌军暴露我军伪装的举动，让敌军因为不了解情况而轻视我军，然后我军再悄悄地采取行动，就能出奇制胜。

[明修栈道，暗度陈仓]

秦朝被推翻的时候，项羽、刘邦以及其他参加反秦战争的各路将领，齐集商议胜利以后怎样割据国土。当时势力最强的项羽企图独霸天下，他表面上主张分地封王，分配领地，心里却已开始盘算，将来怎样一个个地消灭他们。

项羽对一般将领都没有什么顾忌，唯独对刘邦很不放心，他知道刘邦是最难对付的对手。早些时候，他们曾约定谁先攻下秦都咸阳（今陕西西安附近），谁就在关中为王。结果，首先进入咸阳的偏偏就是刘邦。项羽不愿意让刘邦当"关中王"，也不愿意他回到家乡（今江苏沛县）一带去，便故意把巴、蜀（今重庆四川）和汉中（今陕西西南山区）三个郡分给刘邦，将他封为汉王，以汉中的南郑为都城。项羽是想以这样的方式把刘邦关进偏僻的山里去。同时，项羽把关中划作三部分，分给秦朝的降将章邯、司马欣和董翳，以便阻塞刘邦向东发展的出路。项羽自封为西楚霸王，封地九郡，占领长江中下游和淮河流域一带广大肥沃之地，以彭城（今江苏徐州）为都城。

刘邦的确也有独霸天下的野心，当然很不服气，其他将领对于自己所分得的更小的地盘也都不满。可是，慑于项羽的威势，大家都不敢违抗，只得听从支配，各就各位去了。刘邦也不得不暂时领兵西上，开往南郑，并且接受张良的计策，把一路走过的几百里栈道全部烧毁。烧毁栈道的目的是为了便于防御，而更重要的是为了迷惑项羽，使他以为刘邦真的不打算出来了，从而戒备松懈。

刘邦到了南郑，发现部下有一位才能出众的军事家，那就是韩信。刘邦就拜韩信为大将，请他策划向东发展、夺取天下的军事部署。

韩信的第一步计划是，先夺取关中，打开东进的大门，建立兴汉灭楚的根据地。于是，刘邦派出几百名官兵去修复栈道。这时，守着关中西部的章邯听到了这个消息，不禁笑道："谁叫你们把栈道烧毁的！你们自己断绝了出路，现在又来修复，这么大的工程，只派几百个士兵，看你们哪年哪月才能完成。"因

此，章邯对于刘邦和韩信的这一行动，根本没有引起重视。

可是，不久章邯便接到紧急报告，说刘邦的大军已攻入关中，陈仓（在今陕西宝鸡市东）被占，守将被杀。章邯起初还不相信，以为是谣言，等到证实的时候，慌忙领兵抵抗，已经来不及了。章邯被逼自杀，驻守关中东部的司马欣和北部的董翳也相继投降。号称三秦的关中地区于是一下子被刘邦全占领了。

原来韩信表面上派兵修复栈道，装作要从栈道出击的姿态，实际上却和刘邦统率主力部队，暗中抄小路袭击陈仓，趁章邯不备取得了胜利。这就叫作"明修栈道，暗度陈仓"。

悦读品味

"暗度陈仓"指的是趁敌人被假象蒙蔽而放松警惕时，给敌人以措手不及的致命打击，自己则在没有遭到任何抵抗或防备的情况下，出奇制胜。韩信"明修栈道，暗度陈仓"奠定了刘邦成就大业的基础。生活中我们也常常用到这个计策，当我们想说服对方，又怕对方不接受的时候，我们就可以避开正面交锋，采用迂回的方式，以看似不相关的话题引起对方的兴趣，然后出其不意地表达自己的观点，令对方心服口服。

悦读链接

[老王的宣传]

老王做农资生意已有几年了，但是这几年，卖农资的越来越多，竞争也很激烈，为了争取客户，老王在进货方面严把质量关，为减少中间环节，从厂家直接进货，经过多方考察和洽谈，取得了某化肥厂在当地的代理权。

之后的老王没有去做广告，而是投入5000多元租了投影机和一些农业技术光盘、故事片，利用晚上时间挨村为农民免费播放，根据季节播放一些实用的农业技术和故事片，同时在屏幕下方滚动着自己的广告。这种潜移默化的宣传方式，给农民带来实用农业技术和快乐的同时，也为老王的店铺提高了知名度、增加了美誉度。在播放影片时，老王不忘同农民沟通，了解到农民的需求，掌握第一手资料，为下一步制订营销计划打下了良好基础。老王凭着"独特"的宣传方法、有效的营销策略，赢得了附近农民的信任，同时也给他带来了不菲的收入。

"暗度陈仓"的前提是"明修栈道"，老王通过播放农业实用技术和故事片，拉近了与广大农民的距离，了解了农民的需求，同时，也大大提高了知名度和美誉度，为自己增加了收益。

悦读必考

1. 写出下列词语的反义词。

推翻——（　　　　）　　　　紧急——（　　　　）

顾忌——（　　　　）　　　　松懈——（　　　　）

2. 读下面的句子，用画线的关联词写一句话。

例：这就告诉我们：即使是自己身处高位，或者是财大气粗，也不能颐指气使、盛气凌人，相反应该谦恭、谦逊，只有这样，才能够"攻无不克，战无不胜"。

3. 比较"暗度陈仓"和"声东击西"两个计谋的异同之处。

_____

_____

_____

第九计　隔岸观火

阳乖序乱❶，阴以待逆。暴戾恣睢❷，其势自毙。顺以动豫，豫顺以动。

❶**阳乖序乱**：此指敌方内部矛盾激化，以致公开地表现出多方面的秩序混乱。阳，指公开的。乖，违背，不协调。　❷**暴戾恣睢**：暴戾，凶暴，猛烈。恣睢，任意胡为。

　　敌军发生混乱时，我军要在暗地里静观其变，等待进攻的时机。对方如果残暴凶狠，自己势必消亡。这就是《豫卦》所讲的"顺以动豫，豫顺以动"的道理。

悦读故事

孙膑计破魏国

周显王二十九年(前340)，即桂陵之战后13年，魏惠王以韩国没有参加当年的逢泽之会为由，派太子申和庞涓率兵大举进攻韩国，企图一举消灭韩国。在魏军的强大攻势下，弱小的韩国岌岌可危。眼前魏军兵临国都，韩哀侯异常恐慌，派人星夜到齐国请求出兵相救。

齐宣王早就想伺机再攻魏国，所以接受韩国告急后，便决定发兵击魏救韩。他召集群臣，共议国策。宰相邹忌认为，韩魏相煎，这是齐国之幸，可以隔岸观火，齐国自身也需要加强治理，以不发兵相救为宜。大将田忌则认为，魏韩相斗，韩败魏胜是必然结果，魏国的势力就会因此而大增，则祸必陕及齐国，绝不能袖手旁观，坐失攻魏良机。两人争执不下，齐宣王征询孙膑的意见。

孙膑说道："魏国自恃强大，降服赵国之后又来征讨韩国，将来肯定要对我国下手。如果任由韩国被魏国吞并，只能使魏国更加强大，从而形成对我国的巨大威胁，因而弃韩不救是不明智的。然而，齐国的军队必须为齐国的利益而战，如果

过早地出兵救韩，就等于齐国代替韩国作战，韩国是安全了，我国却承受战争的危险，那对我国是十分不利的。"

齐宣王听了，频频点头。接着问道："军师所言极是，那到底该怎么办呢？"

孙膑说道："从齐国的根本利益出发，应该承诺韩国救援，让他安心。韩国知道有齐国作为后援，必然尽全力抗击魏国，而魏国也一定会倾其全力攻打。等到魏韩两军厮杀实力消耗殆尽的时候，我们再出兵攻击疲惫的魏国，拯救危亡的韩国，用力少而见功多，才会收到事半而功倍的效果。"

齐宣王采纳了孙膑的建议。韩哀侯奋力抵抗进犯的魏军，前后交兵五六次之后，韩军大败，不得不再次派使臣来齐，请求齐宣王速发救兵。魏军在激烈的战斗中也有一定的伤亡，实力有所削弱。于是，齐国抓住韩危、魏疲的最佳时机，任命田忌为大将，田婴为副将，孙膑为军师，统兵数万，浩浩荡荡地攻魏救韩。

后来，在马陵之战中，孙膑一举全歼了魏军，取得了决战的胜利。魏国元气大伤，国势从人此一蹶不振，失去了中原霸权。齐国则声威大振，威服诸侯，称霸于中原。

悦读品味

孙膑根据魏国和韩国正在发展着的矛盾冲突，采取静观其变的态度，故意让开一步，坐待敌方矛盾继续向对抗性发展，达到削弱敌人，壮大自己的目的。生活中，我们也要善于观察，注意世态的发展趋势，抓住机遇，才能获得成功。

[西晋灭吴]

公元263年，曹魏灭掉蜀国，这样，三国鼎立的局势瓦解，而成了魏、吴对战的局面。不久，魏国大将司马炎去魏称帝，改国号为晋。司马炎继续推行统一中国的战略，一方面，他下令在蜀地江岸大造战船、日夜训练水军，为日后同吴国决战做好充分准备；另一方面，他发现吴国军队还很强大，如果硬碰硬地去交战，只能造成两败俱伤。于是，晋国采取观望、等待的战略，待吴国的国力、军备有所削弱后，再去进攻，就很容易了。

吴国虽然富足，但孙权统治集团的矛盾激化，内部纷争激烈。朝廷大臣各树派系，各拥储君。孙权只得废太子孙和，新立太子孙亮，致使两派的怨恨加深。孙权死后，孙亮即位，孙林派系发动政变，废除了孙亮，孙林即位。孙林死后，经过一番激烈的争斗，孙皓即位。孙皓上任后，大加报复，不惜采用"剥面皮、挖眼睛、灭三族"的残暴手段，把其过去的仇敌几乎灭绝。他又动用大量的人、财、物力，迁都于武昌。最后引发江南的民众起义，又被迫还都。吴国经过朝廷长期的内部斗争、国民的大举起义，其国力大大削弱，民心、军心十分低落。西晋见吞并、灭亡吴国的时机成熟，于是，大举进犯吴国，三个多月后，吴国灭亡，西晋统一了全国，又开始了一个新的王朝。

1. 根据所给拼音在括号内填上正确的字，把词语补充完整。

消耗dài（　　）尽　　　　　　jí（　　）jí（　　）可危

gé（　　）岸观火　　　　　　xiù（　　）手旁观

一jué（　　）不振　　　　　　疲bèi（　　）不kān（　　）

2. 仿写下列句子。

例：我欣赏孙膑，欣赏他能够运筹帷幄，用隔岸观火之计使韩危魏疲。

我欣赏_____，欣赏他_____。

3. 请用自己的话说一说"暴戾恣睢，其势自毙"的意思。

_____

_____

_____

第十计　笑里藏刀

> 信而安之❶，阴❷以图之，备而后动，勿使有变。刚中柔外❸也。

注　释

❶信而安之：信，使……相信。安，使……安。安然，此指不生疑心。　❷阴：暗地里。　❸刚中柔外：表面柔顺，实质强硬。

古 文 今 译

　　使敌军信任并对我军没有警惕，我军则在秘密地策划如何消灭敌军的方案。在做好充分的准备后才能行动，以避免发生意外。这就是表面柔顺而内里强硬的道理。

悦 读 故 事

〔李林甫口蜜腹剑害忠良〕

　　唐玄宗即位以来，所任用的宰相，如姚崇、宋璟等，都是正直之人，并且各有所长。但此后他任用的宰相李林甫，却是一个卑鄙无耻、口蜜腹剑的小人。更可悲的是，"开元盛世"有了二十多年的太平，唐玄宗便以为天下无事了，就日夜深居宫中，纵情声色，把国家大事统统交给李林甫去办，这便种下了动乱的祸根。

　　李林甫原来是吏部侍郎，后来他想方设法去讨好妃嫔，结交宦官，目的是通过他们去随时了解唐玄宗

的动向和好恶。这样一来，朝廷有什么事，皇帝有什么打算，他都清清楚楚，所以他的奏章总是能讨皇帝的欢心。

那时，唐玄宗正宠幸武惠妃，对武惠妃生的寿王也特别喜欢，甚至因此而逐渐疏远了太子和其他皇子。李林甫就通过宦官向武惠妃讨好，表示愿意全力保护寿王。

武惠妃因此对他很感激，常在皇帝面前为他说好话。当时，宰相是张九龄，他是大唐名相，为人耿直，无论什么大事小事，只要他认为不对，总要与唐玄宗争个不休。于是李林甫趁机在皇帝面前说张九龄的坏话，使唐玄宗慢慢地疏远张九龄。最后唐玄宗罢了张九龄的宰相职务，而让李林甫替代。从此，朝中的官员们屈于李林甫的权势，大多采取明哲保身的态度，再也没有人敢讲真话了。

李林甫为了蒙蔽皇帝，独揽大权，想方设法把唐玄宗和大臣们隔绝开来，不许大臣们向皇帝上奏章。有一次，他召集谏官们开会，竟公开说："现在，皇上很圣明，我们做臣子的只要按皇帝的意旨去办就行了，用不着大家七嘴八舌多说话。各位看到那些仪仗用的马匹吗？它们吃的饲料相当于三品官的待遇，但是，要是哪匹马敢叫一声，就要被拉出去宰了，后悔也来不及。"

谏官杜进不听他的那一套，照样向皇帝奏了一本，结果第二天就被贬到外地去，当了个小小的县令。

李林甫不学无术，但城府很深，人们根本不可能猜测到他心里在想什么，因此若与他相争，多半不是对手，以惨败告终。李林甫最擅长的一手是阿谀奉承，排斥异己，只要是才能和声望比他高，又是皇帝所看重和厚待的人，他总是百般奉承，很亲密地与他结交。等到对方的地位和权势要威胁到他时，李林甫就千方百计地加以暗害和排挤。尤其是对那些富有文才和学问的人，他往往当面好话说尽，非常友好；而暗中却要置你于死地，还一点不露痕迹。无论对方多么持重谨慎，也逃不过他那一套害人的手法。所以，人们都称李林甫"口有蜜，腹有剑"。

悦读品味

李林甫对人外表和气，内心却阴险毒辣，欺上瞒下，陷害忠良。其实人与人之间要以诚相待，因为诚实是人最高尚的东西，是人生的命脉，是一切价值的根基。

悦读链接

[陆逊笑里藏刀，关羽败走麦城]

三国时期，由于荆州地理位置十分重要，成为兵家必争之地。公元217年，鲁肃病死。孙、刘联合抗曹的时期已经结束。

当时关羽镇守荆州，孙权久存夺取荆州之心，只是时机尚未成熟。不久以后，关羽发兵进攻曹操控制的樊城，怕有后患，留下重兵驻守公

安、南郡，保卫荆州。孙权手下大将吕蒙认为夺取荆州的时机已到，但因有病在身，就建议孙权派当时毫无名气的青年将领陆逊接替他的位置，驻守陆口。

陆逊上任，并不显山露水，定下了与关羽假和好、真备战的策略。他给关羽写信，信中极力夸耀关羽，称关羽功高威重，可与晋文公、韩信齐名。自称一介书生，年纪太轻，难担大任，要关羽多加指教。关羽为人，骄傲自负，目中无人，读罢陆逊的信，仰天大笑，说道："无虑江东矣。"马上从防守荆州的守军中调出大部人马，一心一意攻打樊城。陆逊又暗地派人向曹操通风报信，约定双方一起行动，夹击关羽。

孙权认定夺取荆州的时机已经成熟，派吕蒙为先锋，向荆州进发。吕蒙将精锐部队埋伏在改装成商船的战舰内，日夜兼程，突然袭击，攻下南部。关羽得讯，急忙回师，但为时已晚，孙权大军已占领荆州。关羽只得败走麦城。

悦读必考

1. 给下面词语注音。

（　　）　　　　　（　　）　　　　　　（　　　　）

妃嫔　　　　　　好恶　　　　　　　阿谀奉承

2. 请说一说你对真诚的理解？

_____

_____

_____

第十一计 李代桃僵

势必有损，损阴以益阳[1]。

注 释

[1] 损阴以益阳：这是运用我国古代阴阳学说的阴阳相生相克、相互转化的道理而采用的军事谋略。阴，此指某些细微的、局部的事物。阳，此指带整体意义的、全局性的事物。

古文今译

如果当前的形势是必然要遭受损失的，就应该以局部的损失来换取整体的利益。

悦读故事

曹操以发代首

曹操，东汉末年的丞相，后被封为魏王，是三国时期著名的政治家、军事家。曹操军纪十分严明，并且自己也以身作则，带头遵守，因此，他的军队很有战斗力，很快就消灭了多股强大的军阀割据势力，统一了中国北方。

曹操看到中原一带，由于多年战乱，人民四处流散，田地荒芜，就采纳部将的建议，下令让军队的士兵和老百姓实行屯田。很快，荒芜的土地种上了庄稼，收获了大批的粮食。有了粮食，老百姓安居乐业了，军队也有了充足的军粮，为进一步统一全国打下了物质基础。看到这一切，大家都很高兴。

可是，有些士兵不懂得爱护庄稼，常有人在庄稼地里乱跑，踩坏庄稼。曹操知道后很生气，他下了一道极其严厉的命令：全军将士，一律不得践踏庄稼，违令者斩！

将士们都知道曹操一向军令如山，令出必行，令禁必止，决不姑息纵容。所以此令一下，将士们小心谨慎，唯恐犯了军纪。将士们操练、行军经过庄稼地旁边的时候，总是小心翼翼地通过。有时，将士们看到路旁有倒伏的庄稼，还会过去把它扶起来。

有一次，曹操率领士兵们去打仗。那时候正好是小麦成熟的季节。曹操骑在马上，望着一望无际的金黄色的麦浪，心里十分高兴。

正当曹操骑在马上边走边想问题的时候，突然"扑喇喇"的一声，从路旁的草丛里窜出几只野鸡，从曹操的马头上飞过。曹操

的马没有防备，被这突如其来的情况吓惊了。它嘶叫着狂奔起来，跑进了附近的麦地。等曹操使劲勒住了惊马，地里的麦子已经被踩倒了一大片。

看到眼前的情景，曹操把执法官叫了来，十分认真地对他说："今天，我的马踩坏了麦田，违犯了军纪，请你按照军法给我治罪吧！"

听了曹操的话，执法官犯了难。按照曹操制定的军纪，踩坏了庄稼，是要治死罪的。可是，曹操是主帅，军纪也是他制定的，怎能治他的罪呢？

想到这儿，执法官对曹操说："丞相，按照古制'刑不上大夫'，您是不必领罪的。"

"这怎么能行？"曹操说，"如果大夫以上的高官都可以不受法令的约束，那法令还有什么用处？何况这糟蹋了庄稼要治死罪的军令是我下的，如果我自己都不执行，怎么能让将士们去执行呢？"

执法官头上冒出了汗，他想了想又说："丞相，您是全军的主帅，如果按军令从事，那谁来指挥打仗呢？再说，朝廷不能没有丞相，老百姓也不能没有您哪！"

众将官见执法官这样说，也纷纷上前哀求，请曹操不要处罚自己。

曹操见大家求情，沉思了一会儿说："我是主帅，治死罪是不适宜。不过，不治死罪，也要治罪，那就用我的头发来代替我的首级（脑袋）吧！"说完他拔出了宝剑，割下了自己的一缕头发。

悦读品味

"没有规矩，不成方圆。"规矩是一种约束，是一种保障。任何事情都有一定的规矩、规则和做法，否则无法成功。遵纪守法要从我做起，从小做起，从现在做起，只要人人遵守，我们的明天才会更美好。

奈良避实就虚留住八方宾

日本的古都奈良，偎于青山环抱之中，这里既有金碧辉煌的古迹名胜，又有迎春摇曳的樱花，加之现代化的娱乐设施与世界上一流的旅店、周到殷勤的服务，使每年春夏两季的各国游客接踵而至。4月以后，燕子又争相飞来，纷纷在宾馆饭店筑巢栖息，繁衍后代，给奈良平添了一种温馨怡人的自然景观。好客的店主人和服务员小姐，很乐意为小燕子提供筑巢的方便。

可是，招人喜爱的小燕子却有个随便排泄的毛病，刚出壳的雏燕更是把粪便溅在明净的玻璃窗上、雅洁的走廊里。旅店的服务员小姐尽管不停地擦洗，但燕子们的我行我素总使旅店留下污渍。这使游客非常扫兴，服务员小姐也开始抱怨了，宾馆饭店的经理们锁紧了眉头。他们知道，要想彻底清除小燕子的粪便污渍只有两个办法：一是增添员工，二是赶走小燕子。但试过之后都行不通，小燕子的粪便污渍有碍观瞻，这成了奈良旅游业发展的一大难题，已经影响到了整个景区的繁盛。有一天，奈良饭店的经理在接待台湾的一个旅行团时，偶然听到了中国的一个成语"李代桃僵"，请教之后才知道大意是代人受过。他马上想起了无法对付的小燕子的粪便污渍，不由得心中一亮，为什么不能让小燕子代本店受过呢？于是，他绞尽脑汁，以小燕子的名义拟了一则奇特的启事：

女士们、先生们：

我们是刚从南方赶到这儿来陪伴你们过春天的小燕子，没有征得主人的同意，就在这儿筑了窝，还要生儿育女。我们的小宝贝年幼无知很不懂事，我们的习惯也很不好，常常弄脏你们的玻璃和走廊，使你们不愉快，我们很过意不去，请女士们、先生们多多原谅。

还有一件事恳求女士们和先生们，请你们千万不要埋怨服务员小姐，她们是很辛苦的，只是擦不胜擦，这完全是我们的过错，如果发现污垢，请你们稍等一会儿。她们就来。

你们的朋友——小燕子

小燕子这天真烂漫的道歉，把寻找欢乐的游客们逗得前仰后合，他们肚子里的那股怨气也在笑声中悄然散去。每当他们再看到窗上、走廊里的点滴粪便污渍，就会自然而然地想起小燕子那亲昵风趣的话语，又会忍不住地笑起来。

其实，大凡旅游者都有一个心理特点，就是一旦获得愉悦的感受，便会很快淡忘旅行中的小小不快。奈良饭店经理的妙方，正是抓住了旅游者的心理特征，巧妙地化解了他们的不满情绪，使他们带着美好的回忆，告别迷人的古都奈良。奈良饭店的经理用"李代桃僵"之计化解了矛盾，成就了奈良旅游业的发展。

悦读必考

1. 给加点字注音，看拼音写出汉字。

荒芜（　　）　　污渍（　　）　　扑喇喇（　　）（　　）

糟tà（　　）　　摇yè（　　）　　接zhǒng（　　）而至

2. 阅读"悦读链接"小故事，仿照文中启示的语言，运用拟人手法，模仿一个小动物的语言，抗议人类对环境的污染，倡导大家要保护环境。

第十二计　顺手牵羊

微隙在所必乘❶；微利在所必得。少阴，少阳❷。

❶微隙在所必乘：指敌方的某些漏洞、疏忽。微隙，微小的空隙。　❷少阴，少阳：此句意为我方要善于捕捉时机，伺隙捣虚，变敌方小的疏漏而为我方小的得利。少阴，此指敌方小的疏漏。少阳，指我方小的得利。

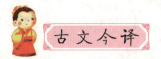

敌军的小疏忽必须要抓住；无论多么微小的利益我军也必须得到。抓住敌军小的疏忽就可以为我军换来小的利益。

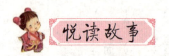

〔弦高巧退秦师〕

公元前630年，秦国和晋国围攻郑国。郑文公派烛之武去同秦穆公陈说利害关系，使秦穆公感到灭了郑国对晋国有利而对秦国并没有什么好处。于是秦穆公同意与郑国讲和，但条件是让秦国的杞子、逢孙、杨孙三位大夫作为使者驻守郑国。

隔了一年，郑文公去世，郑穆公即位。驻守郑国的杞子派人报告秦穆公说："郑国人让我掌管他们北门的钥匙，如果大王派遣军队偷偷地前来，郑国就可以到手了。"

秦穆公于是派孟明、西乞、白乙三位将领率军偷袭郑国。大臣蹇叔认为行军千里之外去偷袭别国，不可能不被别人知道。别人知道后有所防范，必然会使经过长途跋涉疲惫不堪的偷袭部队吃败仗，因此苦劝秦穆公。秦穆公不听，仍派孟明等三人出兵。

秦军到了滑国，郑国的商人弦高正巧到周地贩牛也经过滑国。弦高知道秦军要经过滑国去偷袭郑国，便随机应变，一面派人快马加鞭回郑国报信，一面直接去见秦军。他先送去四张熟牛皮，再用12头牛去犒劳秦军，说："敝国国君听说贵军将要行军到敝国去，特地让我冒昧地来犒劳犒劳。虽然敝国并不富裕，但是，只要贵军在敝国住上一天，敝国就会提供一天的食用给养；要是贵军离开敝国，敝国也会护送贵军安全离开。"

孟明等人一听全都愣了：原来郑国果然如蹇叔所说早有准备，怎么办呢？

孟明于是对西乞和白乙说："郑国已经有所防备，我们的偷袭是没有指望了。硬攻是不可能一下子便成功的，我们又没有后援，还不如顺水推舟，就灭了滑国回去吧。"

商议已定，孟明等人对弦高说："我们并不是要到贵国去，只不过是到滑国而已。"于是灭了滑国后班师。

郑穆公接到弦高的急报后，派人侦察杞子等人住的地方，发现他们果然已经捆扎好行装，厉兵秣马了，于是便派人驱逐他们出境。杞子逃到了齐国，逢孙和杨孙逃往宋国。

孟明等人回师时，遭到晋军的伏击，全军覆没。孟明、西乞、白乙三人都被晋军活捉了。

秦穆公痛悔没有听从蹇叔的话，使自己"偷鸡不成倒蚀一把米"，造成了惨重的损失。

 悦读品味

顺手牵羊是看准敌方在移动中出现的漏洞，抓住薄弱点，乘虚而入获取胜利的谋略。郑国的商人弦高就是抓住了对方的一点疏漏，取得了胜利。

悦读链接

淝水之战

383年，前秦统一了黄河流域地区，势力强大。前秦王苻坚坐镇项城，调集90万大军，打算一举歼灭东晋。他派其弟苻融为先锋攻下寿阳，初战告捷，苻融判断东晋兵力不多并且严重缺粮，建议苻坚迅速进攻东晋。

苻坚闻讯，不等大军齐集，立即率几千骑兵赶到寿阳。东晋将领谢石得知前秦百万大军尚未齐集，准备抓住时机，击败敌方前锋，挫敌锐气。谢石先派勇将刘牢之率精兵五万，强渡洛涧，杀了前秦守将梁成。刘牢之乘胜追击，重创前秦军。谢石率师渡过洛涧，顺淮河而上，抵达淝水一线，驻扎在八公山边，与驻扎在寿阳的前秦军隔岸对峙。

谢石看到敌众我寡，只能速战速决。于是，他决定用激将法激怒骄狂的苻坚。他派人送去一封信，说道："我要与你决一雌雄，如果你不敢决战，还是趁早投降为好。如果你有胆量与我决战，你就暂退一箭之地，放我渡河与你比个输赢。"苻坚大怒，决定暂退一箭之地。他哪里料到此时秦军士气低落，撤军令下，顿时大乱。秦兵争先恐后，人马冲撞，乱成一团，怨声四起。这时谢石指挥东晋兵马，迅速渡河，趁敌人大乱，奋力追杀，前秦大败。

淝水之战，东晋军抓住战机，看准漏洞，乘虚而入，巧妙地运用顺手牵羊战术，这是古代战争史上以弱胜强的著名战例。

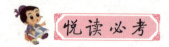

1. 给下面词语中的加点字注音。

寨（　）叔　　　犒（　）劳　　　麻痹（　）

李愬（　）　　　对峙（　）　　　厉兵秣（　）马

2. 解释"偷鸡不成倒蚀一把米"这一成语，再写出两个四个字以上的多字成语。

_____

_____

3. 淝水之战是历史上著名的以少胜多的战例，你还能再举出一两个类似的战例吗？

_____

_____

攻战计

打草惊蛇

借尸还魂

调虎离山

欲擒故纵

抛砖引玉

擒贼擒王

第十二计　打草惊蛇

疑以叩实^❶，察而后动。复者，阴之媒也^❷。

注　释

❶疑以叩实：意为发现了疑点就应当考实查究清楚。叩，问，查究。　❷复者，阴之媒也：句意为反复叩实查究，而后采取相应的行动，实际是发现隐藏之敌的重要手段。复者，反复去做。阴，此指某些隐藏着的、暂时尚不明显或未暴露的事物、情况。媒，媒介。

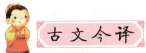
古文今译

疑问要核实，仔细观察后方可行动。以便发现敌军隐藏着的手段。

悦读故事

［英法联军"伞兵"诱敌］

1956年7月，埃及总统为了修建阿斯旺水坝，要将苏伊士运河收归国有。而当时的苏伊士运河由英法两国控制，英法两国听到这个消息后震怒，决定对埃及用武。

为了使埃及处于隐藏状态的军事防御系统暴露，以保证后续部队成功登陆，英法联军用木头和橡胶做了许多假人，以便以假乱真，引蛇出

洞。天刚蒙蒙亮的时候，英法联军的飞机带着这些假人进入了埃及塞得港领域，伪装成空降兵的假人一个个随着张开的降落伞从天而降。

这些"空降兵"马上引来了埃及军事力量的疯狂扫射，塞得港的军事防御系统暴露无遗。此时，英法联军的轰炸机早已等候多时，正当埃及人卖力地向假人开火的时候，一颗颗炸弹准确无误地落在他们身边。

塞得港的军事防御系统很快被摧毁，英法联军的登陆部队和空降兵随后占领了塞得港。这一场战役，埃及军民死伤了三千多人，而英法联军只伤亡了一百五十人。

悦读品味

在军事上，当敌方兵力没有暴露或者意向不明时，就可以用打草惊蛇之计弄清楚敌情。当然，"打草"还是为了"打蛇"，所以"打草"之前就要准备好"打蛇"的工具。英法联军以假乱真，诱敌暴露，此乃"打草"引蛇出洞，随后轰炸机投弹，此乃"打蛇"。打草惊蛇之计告诉我们：对于隐蔽的对方，我们不要轻举妄动，可以用佯攻助攻等方法"打草"，引蛇出洞，使其中我埋伏，然后聚而歼之。

悦读链接

[真假珍珠]

有一个当铺的小伙计，他在这个店里头干了很长时间，也没有什么机会露面。

这一天，他终于有了机会露了一次脸，为什么呢？因为他们这个店里来了一个人，这个人拿了一颗假的珍珠换了200两银子，当时谁也没有看出来这珍珠是假的。老板发现这颗珍珠是假的之后，那个来当铺的人早已经不知道藏到什么地方去了。

老板正丧气的时候，这个小伙计过来跟他讲："老板你不用生气，我有办法。"老板说："你有什么办法呢？"伙计说："你给我20两银子。"老板当真给了他20两银子。伙计拿这20两银子去办了几桌酒席，把这县城里头最有名的所谓上流社会的人物都请来吃饭。在吃饭的时候，他让老板当众把这一颗假珍珠砸碎，说："我吃亏上当就这一回，你们也看见了，这一颗珍珠我砸碎了，我决不会拿这颗珍珠坑人害人。"这一下子这个老板的名气就传开了：第一，这个老板上当了，200两银子换了一颗假珍珠；第二，这颗假珍珠又被老板砸碎了。

这事传出去了以后，没多久，那个用假珍珠换200两银子的人就来了，他说："我现在回来要赎回我那一颗珍珠，还给我，我把200两银子给你，按照规矩就是这样，如果我来赎我的东西的时候，只要在规定的日期内赎我的东西，你拿不出来，银子归我，你还要另外赔偿。"这个人想：既然你把珍珠砸碎了，拿不出来，那么200两银子肯定是归我的，你还得赔我，他要求老板把这个当铺赔他。但这是自投罗网，很快巡捕房的人就来了，把他抓走了。

这就是巧妙的打草惊蛇。

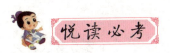
悦读必考

1. 解释下列词语。

以假乱真：＿＿＿＿＿＿＿＿＿＿＿＿＿＿＿＿＿＿＿

引蛇出洞：＿＿＿＿＿＿＿＿＿＿＿＿＿＿＿＿＿＿＿

2. 展开想象，用自己的话描述一下，埃及军民被"引蛇出洞"时的
场景。

_____

_____

3. 历史上有很多运用"打草惊蛇"之计的战例，你还知道哪些?

_____

_____

_____

有用者，不可借[1]；不能用者，求借。借
不能用者而用之，匪我求童蒙，童蒙求我[2]。

[1] **有用者，不可借**：意为世间许多看上去很有用处的东西，往往不容易驾驭而为
己用。　[2] **匪我求童蒙，童蒙求我**：不是我悉心教化与培养蒙昧的稚童成为栋梁之
材，而是等蒙昧的稚童上门来接受愚弄与控制成为我的傀儡。

古文今译

有用的东西，难以驾驭；不可以利用的东西，却可以借助它来发挥作用。用不可利用的东西，不是我被控制，而是它被我控制。

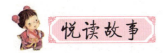
悦读故事

〔陈胜起义大泽乡〕

秦朝实行暴政，天下百姓"欲为乱者，十室有五"。大家都有反秦的愿望，但是如果没有强有力的领导者和组织者，也就难成大事。

秦二世元年，陈胜、吴广被征发到渔阳戍边。当这些戍卒走到大泽乡时，连降大雨，道路被水淹没，眼看无法按时到达渔阳。秦朝法律规定，凡是不能按时到达指定地点的戍卒一律处斩。陈胜、吴广知道，即使到达渔阳，也会因误期而被杀，不如一拼，寻求一条活路。他们知道同去的戍卒也都有这种想法，正是举兵起义的大好时机。陈胜又想到，自己地位低下，恐怕没有号召力。当时有两位名人深受人民尊敬，一个是秦始皇的大儿子扶苏，温良贤明，已被阴险狠毒的秦二世暗中杀害，老百姓却不知情；另一个是楚将项燕，功勋卓著，爱护将士，威望极高，在秦灭六国之后不知去向。

于是陈胜公开打出他们的旗号，以期能够得到大家的拥

护。他们还利用当时人们的迷信心理，巧妙地作了其他安排。有一天，士兵做饭时，在鱼腹中发现一块丝帛，上写"陈胜王"(这个"王"字是称王的意思)，士兵大惊，暗中传开。吴广又趁夜深人静之时，在旷野荒庙中学狐狸叫，士兵们还隐隐约约地听到空中有"大楚兴，陈胜王"的口号。他们以为陈胜不是一般人，肯定是"天意"让他来领导大家的。

陈胜、吴广见时机已到，率领戍卒杀死朝廷派来的将尉。陈胜登高一呼，揭竿而起。他说："我们反正活不成了，不如和他们拼个你死我活，就是死，也要死出个样儿来。"于是，陈胜自封为将军，吴广为都尉，攻占大泽乡，乡下云集响应，节节胜利，所向披靡。

后来，部下拥立陈胜为王，国号"张楚"。

悦读品味

陈胜、吴广诈称公子扶苏、项燕的队伍，"借尸还魂"，团结人心，使起义人数倍增，并迅速攻占了很多地方。我们可以看到：已经消灭或没落的事物又以另一种形式出现，往往能达到神奇的效果。但我们还应该明白，无论怎样，都要相信科学，自觉抵制迷信。

悦读链接

﹝白莲教借尸还魂﹞

元朝末年，白莲教广为流行，势力越来越强，那么，怎样让老百姓接受并相信白莲教呢？白莲教领袖韩山童、刘福通想出了一条计谋。

首先，他们想出了一句歌谣，"莫道石人一只眼，此物一出天下反"，把这句歌谣让白莲教成员会背会唱，然后在社会上传播。

其次，他们了解到当时元朝征发了20万民工正在修整黄河。韩刘就派人在河道中凿了一个独眼石人，并把"莫道石人一只眼，此物一出天下反"这14个字刻在其背后，然后把石人埋在河道中。民工挖到了石人，都感到很奇怪，石人背后的字怎么与流传的歌谣相同呢？这件怪事在民工中迅速传播开来。大家信服他说："歌谣灵验极了，看来要天下大乱了！"

这样，韩山童、刘福通就用借尸还魂之计，顺利地聚集3000多人，揭开了反对元朝统治大起义的序幕。

悦读必考

1. 改正下列词语中的错别字。

戍边（   ）　　　原望（   ）　　　巩怕（   ）

遵敬（   ）　　　谜信（   ）　　　将蔚（   ）

2. 搜集资料，写出一个与"借尸还魂"有关的故事。

_____

第十五计　调虎离山

待天以困之❶，用人以诱之，往蹇，来返❷。

注 释

❶待天以困之：战场上我方等待天然的条件或情况对敌方不利时，我再去围困他们。天，指自然的各种条件或情况。　❷往蹇，来返：这里的意思是往前行进有艰险，就返回原地，不去硬碰硬地攻坚固之敌，便可以在将来享受胜利的喜悦。

古文今译

等待时机使敌军遭灾，用人来诱敌，来往艰难时诱引敌人来往。

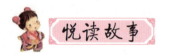

悦读故事

〔孙策智取卢江〕

东汉末年，军阀并起，各霸一方。孙坚之子孙策，年仅17岁，年少有为，继承父志，势力逐渐强大。199年，孙策欲向北推进，准备夺取江北卢江郡。卢江郡南有长江之险，北有淮水阻隔，易守难攻。

占据卢江的军阀刘勋势力强大，野心勃勃。孙策知道，如果硬攻，取胜的机会很小。

他与众将商议，定下了一条调虎离山的妙计。针对军阀刘勋极其贪财的弱点，孙策派人给刘勋送去一份厚礼，并在信中把刘勋大肆吹捧了一番。信中说刘勋功名远播，令人仰慕，并表示要与刘勋交好。

孙策还以弱者的身份向刘勋求救。他说："上缭经常派兵侵扰我们，我们力弱，不能远征，请求将军发兵攻打上缭，我们感激不尽。"

刘勋见孙策极力讨好他，万分得意。上缭一带，十分富庶，刘勋早想夺取，今见孙策软弱无能，免去了后顾之忧，决定发兵上缭。部将刘晔极力劝阻，刘勋哪里听得进去，他已被孙策的厚礼、甜言迷惑住了。

孙策时刻监视刘勋的行动，见刘勋亲自率领几万兵马去攻上缭，城内空虚，心中大喜，说："老虎已被我调出山了，我们赶快去占据它的老窝吧！"于是立即率领人马，水陆并进，袭击卢江，几乎没遇到顽强的抵抗，就顺利地控制了卢江。刘勋猛攻上缭，一直不能取胜，突然得报，孙策已取卢江，情知中计，后悔已经来不及了，只得灰溜溜地投奔了曹操。

悦读品味

孙策用计谋调动刘勋离开原来的有利地位——卢江郡，乘机行事，取得了胜利。"调虎离山"的核心在于"调"字。虎，指敌方，山，指敌方占据的有利地势。如果敌方占据了有利地势，且兵力众多，防范严密，此时，我方不可硬攻。正确的方法是设计相诱，把敌人引出坚固的据点，或者，把敌人诱入对我军有利的地区，这样做才可以取胜。

悦读链接

［司马懿调虎离山夺政权］

三国魏少帝时，曹爽为大将军，司马懿为太尉，曹爽仗着是皇族，占据要职，他自知资格、能力都远远比不上司马懿，所以想方设法压制司马懿。他就在魏少帝面前说司马懿兵权太重，有篡权之心，魏少帝就剥夺了他的兵权。司马懿十分清楚曹爽的意图，为了保全自己，他干脆装病不入朝。后来干脆装疯卖傻，打消了曹爽的疑虑。

公元249年1月，司马懿乘机派人提醒魏少帝去祭祖，少帝果然领着他

的王族及亲信全部出城去祭祖。司马懿听报少帝一行刚出皇城，见"虎"已调出，立即披甲带枪，同他的两个儿子，率领兵马抢占了城门和兵库，并假传太后诏令，撤了曹爽的军职。曹爽一行得知城里情况，一时慌了阵脚，他们在行军打仗方面哪是司马懿的对手，在司马懿的威逼下，曹爽只得缴械投降。后来，司马懿到底找了个理由，以"谋反罪"，杀了曹爽一干人，如此，魏国的军、政大权尽归于司马懿一族人的手上。

司马懿装作有病，先麻痹对方，又调虎离山，成功夺取魏国大权。

悦读必考

1. 根据自己的理解，解释下列词语。

仰慕：_____

后顾之忧：_____

2. 请再举出一个历史上或者文学作品中调虎离山的例子。

_____

第十六计　欲擒故纵

逼则反兵，走则减势❶。紧随勿迫，累其气力，消其斗志，散而后擒，兵不血刃❷。需，有孚，光❸。

① 逼则反兵，走则减势：逼迫敌人太紧，他可能因此拼死反扑，若让他逃跑则可减削他的气势。走，跑。 ② 兵不血刃：此句意为兵器上不沾血。血刃，血染刀刃。 ③ 需，有孚，光：意为，要善于等待，要有诚心（包含耐性），就会有大吉大利。

　　把敌人逼得无路可走，他就会拼死反抗，若让他逃跑则可以减削他的气势。紧紧跟随被追击的敌人，不要过于逼迫，以消耗敌人的体力，瓦解敌人的斗志，等待敌人溃不成军时，不用交战就可以不费吹灰之力地将其擒拿。

诸葛亮七擒孟获

　　蜀汉建立之后，定下北伐大计。当时西南夷酋长孟获率十万大军侵犯蜀国。诸葛亮为了解决北伐的后顾之忧，决定亲自率兵先平孟获。蜀军主力到达泸水（今金沙江）附近，诱敌出战，事先在山谷中埋下伏兵，孟获被诱入伏击圈内，兵败被擒。

　　按说，擒拿敌军主帅的目的已经达到，敌军一时也不会

有很强的战斗力了，乘胜追击，自可大破敌军。但诸葛亮考虑到孟获在西南地区威望很高，影响很大，如果让他心悦诚服，主动请降，就能使南方真正稳定。不然的话，南方各个部落仍不会停止侵扰，难以安定。

诸葛亮决定对孟获采取"攻心"战，断然释放孟获。孟获表示下次定能击败诸葛亮，诸葛亮笑而不答。

孟获回营，拖走所有船只，据守泸水南岸，阻止蜀军渡河。诸葛亮乘敌不备，从敌人不设防的下游偷渡过河，并袭击了孟获的粮仓。孟获暴怒，要严惩将士，激起将士的反抗，于是相约投降，趁孟获不备，将孟获绑赴蜀营。诸葛亮见孟获仍不服，再次释放。

以后孟获又施了许多计策，都被诸葛亮识破。最后一次，诸葛亮火烧孟获的藤甲兵，活捉孟获，终于感动了他，他真诚地感谢诸葛亮七次不杀之恩，誓不再反。

从此，蜀国西南安定，诸葛亮才得以举兵北伐。

悦读品味

诸葛亮七擒孟获，采取欲擒故纵之计，使其心悦诚服，答应永不再反蜀国，这一计谋充分表现了诸葛亮卓越的军事才能。该计是利用人性弱点，先故意给予对手好处，使其在思想上松懈，并进而以预先设计好的策略将其彻底擒获。该计实质上即为"欲将取之，必先予之"。如果在涉及重大利益问题上能够说服自己，克服人性贪婪的弱点，同时仔细观察、三思而后行，则此计威力亦会大减。

苏无名智擒盗贼

唐代的太平公主丢失了一批价值连城的宝物，女皇武则天大怒，命令洛州的长史三天之内捉住盗贼，否则死刑伺候。

洛州长史苦无良策，求助当地以机智闻名的苏无名。苏无名说："你带我面见皇上，我自有办法破案。"

他们一起来到宫中，苏无名说道："陛下，我有十足的把握捉到盗贼，不过，这件事不宜着急，要耐心等待，还有，请陛下把捕盗的吏卒全部归我调遣，这样我一定把盗贼捉拿归案。"武则天答应了他的请求。

苏无名领命出宫后，就好像把这事忘了似的，什么动静也没有，直到寒食节这天，苏无名才召集吏卒说："你们在东门和北门守着，如果有一群穿孝服的胡人经过，你们就暗中跟上，等他们上坟的时候，如果看到他们假惺惺地哭泣，毫无诚意地跪拜，就抓住他们。"

吏卒们照着苏无名的话做了，果然发现了一群胡人装模作样地上坟、哭泣，他们抓住了那群胡人，然后在坟地的棺材里找到了那批宝物。

武则天对苏无名料事如神的破案方法感到十分惊奇，于是询问破案的过程。苏无名答道："我之前就遇到过那群胡人，他们正抬着棺材出殡。我看到他们的神情不是发自内心的悲伤，根本不像刚死去了亲人或朋友，我就怀疑他们将偷来的宝物装到棺材里，然后抬到城里先埋起来，等风声一过再运走。他们必定要等到寒食节的时候，明着是去上坟，暗中却是运走宝物。所以我才劝您不要着急，同时不要大张旗

鼓，让他们以为风声已过，大胆地去上坟，等他们取出罪证的时候捉拿他们！"

武则天听了，对苏无名的才干大为赞赏，赐给他许多金银财宝，还升了他的官。

苏无名欲擒故纵的破案方法，令盗贼先放松警惕，暴露行踪，而后顺藤摸瓜，最后人赃俱获，不可谓不高明。

1. 给多音字注音并组词。

2. 下列各句中加点成语使用不恰当的一句是（　　　　）

A. 为了筹建南极长城站，他呕心沥血；长城站落成后，这位钢铁汉子也流泪了。

B. 这些很好的学习方法一旦融会贯通，定会收到事倍功半的效果。

C. 诸葛亮七擒孟获，欲擒故纵，在历史上留下了一段佳话。

D. 我们必须持之以恒，一步一个脚印地勤奋学习，绝不能有半点虚假和骄傲。

第十七计 抛砖引玉

类以诱之❶，击蒙也❷。

注 释

❶**类以诱之：**出示某种类似的东西并去诱惑。　❷**击蒙也：**诱惑敌人，便可打击这种受我诱惑的愚蒙之人了。击，撞击，打击。

古文今译

用多种方法诱惑敌人，然后就可以打击已经上当的敌人了。

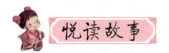
悦读故事

〔燕昭王招纳贤才〕

惠文王称王的第十一年（前314），赵武灵王在燕国的子之之乱后从韩国迎立燕公子职。公子职就是后来大名鼎鼎的燕昭王。

公子职即位后，立志使燕国强大起来，下决心物色治国人才，可是没找到合适的人。有人提醒他，老臣郭隗很有见识，不如去找他商量一下。

燕昭王亲自登门拜访郭隗，对郭隗说："齐国趁我们国家内乱之时

侵略我们，这个耻辱我是忘不了的。但现在燕国国力弱小，还不能报这个仇。要是有个贤人来帮助我报仇雪耻，我宁愿伺候他。您能不能推荐这样的人才呢？"

郭隗摸了摸自己的胡子，沉思了一下说："要推荐现成的人才，我也说不上，请允许我先说个故事吧。"接着，他就说了个故事：

古时候，有个国君，最爱千里马。他派人到处寻找，找了三年都没找到。有个侍臣打听到远处某个地方有一匹名贵的千里马，就跟国君说，只要给他一千两金子，准能把千里马买回来。那个国君挺高兴，就派侍臣带了一千两金子去买。没料到侍臣到了那里，千里马已经害病死了。侍臣想，空着双手回去不好交代，就把带去的金子拿出一半，把马骨买了回来。

侍臣把马骨献给国君，国君大发雷霆，说："我要你买的是活马，谁叫你花钱把没用的马骨买回来？"侍臣不慌不忙地说："人家听说你肯花钱买死马，还怕没人把活马送上来？"

国君将信将疑，也不再责备侍臣。果然，这个消息一传开，大家都认为那位国君真爱惜千里马。不出一年，从四面八方就送来了好几匹千里马。

郭隗说完这个故事，说："大王一定要征求贤才，就不妨把我当马骨来试一试吧。"

燕昭王听了大受启发，回去

以后，马上派人造了一所很精致的房子给郭隗住，还拜郭隗做老师。各国有才干的人听到燕昭王这样真心实意地招请人才，纷纷赶到燕国来求见。其中最出名的是赵国人乐毅。燕昭王拜乐毅为亚卿，请他整顿国政，训练兵马，燕国果然一天天强大起来。

郭隗抛砖引玉，用一个小故事向燕昭王推荐自己，使燕昭王大受启发，贤士纷纷投奔燕国，燕国日渐强大。我们在日常生活中也要注意抛砖引玉，注意用粗浅、不成熟的意见引出别人高明、成熟的意见，以使自己不断进步。

［刘天就优惠价迎财源］

1955年，刘天就创办了仅有6个人的香港妙丽集团，经营小百货零售店。

刘天就了解到，顾客除了购买小商品之外，一般是首先考虑同类商品中哪家商店售价最便宜：于是，他就紧紧抓住顾客的心理来扩大销售。

他大张旗鼓地以批发价为号召，零售的商品一律按批发价出售。同时，他又想出"晤平赔5倍"的口号，把它写成标语到处张贴，写成巨大的横幅挂在商场3楼外面，和商店的大牌号放在一起。所谓"晤平赔5倍"，就是妙丽集团出售的商品，如果不比其他商店的价格便宜，他愿

按价格的5倍给予赔偿。

　　刘天就这一招果然灵验，妙丽集团从此门庭若市，生意兴隆。为了保证多销以降低成本，刘天就严把进货关。他指导采购部门保证只进那些既适销对路又价廉物美的商品，这样，资金周转快，成本低，积压耗损少。

　　刘天就就是这样以优惠价为"砖"，"引"来了滚滚财源。

悦读必考

1. 把下面词语补充完整，并解释词语。

　　（　）思苦想：_____

　　大名（　）（　）：_____

　　大发（　）（　）：_____

2. 你还知道哪些"抛砖引玉"的例子，试举一例。

_____

_____

　　摧其坚，夺其魁，以解其体。龙战于野，其道穷也[1]。

注 释

❶ 龙战于野，其道穷也：是说即使强龙争斗在田野大地之上，也是走入了困顿的绝境。比喻战斗中擒贼擒王谋略的威力。

古文今译

摧毁敌人的主力，抓住敌人的首领，就能瓦解敌人的整体力量。这就好比龙出了海在陆地上作战，只有死路一条。

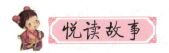

悦读故事

[瓦剌人劫持明英宗]

明英宗在位时，太监王振恃宠专权，作威作福，朝中诸臣多半仰他鼻息，天下人对王振敢怒而不敢言。

这一年，北方的瓦剌人大兵压境。王振擅作主张，自命为统帅，还逼明英宗御驾亲征。兵至居庸关，粮草缺乏，先头部队败报频至。有人建议英宗留驾，王振执意不准，还命令部队急行军。因兵无粮、马无草，士兵与战马饿死无数，满路死尸。明军与瓦剌人一战即溃，几乎全军覆灭。

在众人的坚决要求下，王振不得不同意班师回京。残余的明军

行至土木时，瓦剌人从四面八方涌至。王振借机逃走，连皇帝都不要了。英宗左右只有几名亲兵相随，几次突围不得，最后束手就擒。

瓦剌人捉到英宗，如获至宝，通知明朝送来万两黄金赎回英宗，钱到即可放人。明朝派人前往敌营，献上万两黄金，但英宗迟迟没有被送还。后来才知瓦剌人已于前一天晚上掳走英宗，白白骗得万两黄金。

此后瓦剌人屡犯边疆，都挟持英宗同行，使明朝有投鼠忌器的顾虑。有识之士认为长此以往，对明朝极为不利，于是，明朝另立新君，尊英宗为太上皇。这样，以英宗为人质的价值大大降低了。明朝对瓦剌的口气越来越强硬。

经过几番波折，瓦剌人同意将英宗送归明朝。

瓦剌人深知擒贼先擒王的重要性，因此捉到英宗后，屡次要挟明朝。但是，后来明朝更立新君，英宗不再是明朝皇帝，从而破了瓦剌人的计谋。

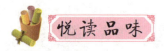

瓦剌人捉住明皇帝英宗，要挟明朝，得黄金万两。这告诉我们，在两军交战中，敌军一旦失去指挥，就会不战自溃。所谓"挽弓当自强，用箭当用长，射人先射马，擒贼先擒王"说的就是这个道理。

刘秀昆阳胜王莽

公元23年，王莽的数十万大军包围了昆阳。刘秀奉命突围出城，到各地召集援军。当刘秀率援军返回昆阳时，王莽的大军已将昆阳围得水泄不通。

　　刘秀带来的援军数量不多，即使再加上守城的部队，与庞大的王莽军相比，也是处于劣势。如果盲目地与王莽军作战，等于飞蛾投火，自取灭亡。经反复考虑，刘秀制定出擒贼先擒王的作战方案：从援军中抽调精壮将士组成敢死队，首先进攻莽军的统帅部——中营，接着大队人马紧随其后，捣毁敌人的指挥中枢，使敌人陷入混乱，然后通知守城部队出击配合，造成内外夹攻的有利局面。攻击敌人的时刻到来了。刘秀亲率3000名勇猛强壮的敢死队从昆阳城东迂回到城西，来到莽军中营的附近，出其不意地发动猛攻。莽军统帅王邑、王寻被这突如其来的打击弄蒙了，一时搞不清这支部队的来意，命令各营不许擅自行动。王邑、王寻带领1万人马前来迎战，以为用这些人马足以应付刘秀了。岂料刘秀手下的敢死队像狂风一样扑了过来，刀劈枪挑，勇不可挡。莽军的其他部队因没有接到出击的命令，只好眼睁睁地见刘秀的敢死队和后援部队把中营打得稀里哗啦，在混战中，王寻被杀，王邑逃跑。莽军因失去了统帅顿时乱成一团。

　　这时，坚守昆阳的守军看到援军旗开得胜，信心倍增，立即打开城门，呐喊着冲了出来，配合援军夹攻莽军。莽军见势不妙，仓皇向江边逃窜。在抢渡过江时，恰遇河水暴涨，淹死者不计其数。王邑只带几千残兵败将丧魂落魄地逃回了洛阳。

　　刘秀运用擒贼先擒王的策略，直冲王莽中营，取得了大胜。

1. 根据拼音写词语。

   yāo xié   zhí yì   biān jiāng   jì móu
   (   )   (   )   (   )   (   )

2. 解释下列词语。

   束手就擒：_____

   擒贼擒王：_____

3. 俗话说："擒贼先擒王"请概述世界战争史上成功运用此计的著
   名战例。

   _____

   _____

   _____

混战计

釜底抽薪

浑水摸鱼

金蝉脱壳

关门捉贼

远交近攻

假道伐虢

第十九计 釜底抽薪

不敌其力，而消其势，兑下乾上之象[1]。

注 释

[1]兑下乾上之象：《周易》六十四卦中，《履卦》为"兑下乾上"，兑为阴卦，为柔；乾为阳卦，为刚。兑在下，从循环关系和规律上说，下必冲上，于是出现"柔克刚"之象。此计正是运用此象推理衍之，喻我取此计可胜强敌。

古 文 今 译

如果不能克服敌人刚强的力量，就可以削弱敌人力量的来源，从《履卦》的原理出发，分离至刚至阳的乾的力量。

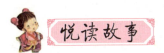

悦读故事

〔官渡之战〕

东汉末年，军阀混战，河北袁绍乘势崛起。199年，袁绍率领10万大军攻打许昌。当时，曹操据守官渡（今河南中牟北），兵力只有2万多人。两军离河对峙。袁绍仗着人马众多，派兵攻打白马。曹操表面上放弃白马，命令主力开向延津渡口，摆开渡河架势。袁绍怕后方受敌，

迅速率主力西进，阻挡曹军渡河。谁知曹操虚晃一枪之后，突派精锐回袭白马，斩杀颜良，初战告捷。

由于两军相持了很长时间，双方粮草供给成了关键。袁绍仗势从河北调集了1万多车粮草，屯集在大本营以北40里的乌巢，因为他不把小小的曹操放在眼里，于是没有派重兵看守。曹操探听到乌巢并无重兵防守，决定偷袭乌巢，断其供应。他亲率五千精兵，打着袁绍的旗号，衔枚疾走，夜袭乌巢，乌巢袁军还没有弄清真相，曹军已经包围了粮仓。一把大火点燃，顿时浓烟四起。曹军乘势消灭了守粮袁军，袁军的1万车粮草，顿时化为灰烬，袁绍大军闻讯，惊恐万状，供应断绝，军心浮动，袁绍一时没了主意。曹操此时发动全线进攻，袁军士兵已丧失战斗力，10万大军四散溃逃。袁军大败，袁绍带领800亲兵，艰难地杀出重围，回到河北，从此一蹶不振。

悦读品味

曹操以2万人对袁绍10万人马，在官渡之战中取得大胜，其原因是袭击了袁绍的粮仓，釜底抽薪。这告诉我们遇到强敌不可用正面作战取胜，而应该避其锋芒，削减敌人的气势，再乘机取胜。

悦读链接

［重水的战争］

第二次世界大战末期，为了夺取最终的胜利，美国和德国都加紧对原子弹的实验制造。

为了打败德国，美国决心用釜底抽薪之谋，通过破坏其制造原子弹的必需原料——重水的生产，阻止研制计划的实施。

英国战时内阁命令联合作战司令部，迅速派遣奇袭部队攻击德国生产重水的挪威诺尔斯克电气化工厂。1943年2月17日，奇袭取得成功。

此后，德国又修复了部分诺尔斯克工厂，重新生产重水。不久，美国航空队摧毁了该厂发电所，迫使德国将全部储存的重水装运回国。

盟军获得情报后，又用定时炸弹将运重水的"开特罗"号轮船炸毁，使德国仅存的部分重水全部泄入海底，使得德国研制原子弹的计划最终破产。

悦读必考

1. 给下面词语中的加点字注音。

对峙（　　）　　　乌巢（　　）　　　衔枚（　　）

疾走（　　）　　　溃（　　）逃　　　鬼冢（　　）

2. 用下面三个成语写一段话。（成语顺序可以颠倒）

乘胜追击　　　溃不成军　　　一蹶不振

_____

_____

3. 曹操釜底抽薪，战胜了袁绍。你还知道哪些"釜底抽薪"的著名事例吗？请试举一例。

_____

_____

第二十计　浑水摸鱼

乘其阴乱，利其弱而无主。随，以向晦入宴息[1]。

注　释

[1] 随，以向晦入宴息：意为人要顺应天时去作息，黄昏来临就当入室休息。

古文今译

趁着敌人内部发生混乱，利用其力量虚弱和没有主见，使敌方顺从我军，像人随着天时作息一样习惯、自然。

悦读故事

［周瑜装死取南郡］

曹操在赤壁吃了败仗，为了防止孙权北进，他派大将曹仁驻守南郡（今湖北公安县）。这时，周瑜因赤壁大胜，气势如虹，下令进兵攻取南郡。刘备也把部队调到油江口驻扎，眼睛死死地盯着南郡。他为了稳住周瑜，首先派人到周瑜营中祝贺。第二天，周瑜亲自到刘备营中问刘

备是不是要取南郡。

刘备说："听说你要攻打南郡，我是来帮忙的。如果你不取，那我就去占领。"

周瑜大笑，说："南郡是我的囊中之物，我怎么会不取呢！"

刘备说："你不可轻敌，曹仁勇不可当，能不能攻下南郡，话还不敢说。"

周瑜一贯骄傲自负，听刘备这么一说，很不高兴，他脱口而出："我要是攻不下南郡，就听任你去取。"

刘备盼的就是这句话，马上说："说得好，鲁肃、孔明都在场作证。我先让你去取南郡，如果取不下，我就去取。你可千万不能反悔啊！"周瑜一笑，哪里会把刘备放在心上。

周瑜发兵，首先攻下彝陵（今湖北宜昌），然后乘胜攻打南郡，却中了曹仁之计，自己中箭负伤。曹仁非常高兴，每天派人到周瑜营前叫战。周瑜只是坚守营门，不肯出战。

一天，曹仁亲自率领大军，前来挑战。周瑜带领几百名骑兵冲出营门大战曹军。开战一会儿，周瑜大叫一声，口吐鲜血，从马上掉了下来，被众将救

回营中。原来这是周瑜定下的欺骗敌人的计谋，很快，周瑜死的消息就传出来了。曹仁知道后，决定趁周瑜刚死、东吴没有准备的时机前去攻击，割下周瑜的首级，到曹操那里去领赏。

当天晚上，曹仁大军趁着黑夜冲进周瑜大营，只见营中寂静无声，空无一人。曹仁情知中计，急忙退兵，但已经来不及了。周瑜率兵从四面八方杀出。曹仁好不容易从包围中冲出，往北逃去。

周瑜大胜曹仁，立即率兵直奔南郡，却看见南郡城头布满旌旗。原来赵云已奉诸葛亮之命，趁周瑜、曹仁激战正酣之时，轻易地攻取了南郡。周瑜自知上了诸葛亮的大当，气得昏了过去。

悦读品味

周瑜用装死之计大胜曹仁，本以为取得一场大胜，可诸葛亮却趁周瑜与曹仁激战之时，夺取了南郡。这个故事告诉我们，趁混乱之时可以攫取利益，但我们要取之有道。文中刘备与周瑜已事先约法三章，但最终刘备却趁乱攫取了南郡，可谓胜之不武。

悦读链接

［狡猾的日本商人岛村］

1988年，刚刚成立的北国粮油贸易公司来了一位日本客户岛村一郎，想要订购一批玉米。

张经理对这位大买主，不仅热情招待，还表示愿意提供最优惠的条件。

对于张经理的报价，岛村却一副惊讶的样子，拒绝继续谈下去。

正在这时，张经理接到大连某粮油公司的电话："请问日本岛村先生是否与贵公司商谈过进口玉米的事宜。"

张经理虽然没有直接接触过这家大连的公司，但是知道对方，便把自己的报价直言相告。

为了促成这笔交易，张经理驱车赶到岛村下榻的宾馆，以低于市场价格报价。可岛村仍然不满意。

在随后几天里，张经理又接到了来自两家粮油企业的电话，内容还是询问与岛村谈判玉米的价格。张经理不得不再次降价，但是岛村却不知去向。

数月之后，张经理结识了那家大连粮油公司的经理，谈起此事，方才明白，原来岛村在与自己周旋的同时，其助手正在大连粮油公司那里讨价还价。为了用最低价格购进，他与数家公司联系，借助各公司之间没有什么联系来相互压价，最后坐收渔翁之利，从浑水中摸到了"鱼"。

悦读必考

1. 根据拼音写汉字。

chì bì　　　gōng qǔ　　　zhù hè　　　jiāo ào

(　　)　　(　　)　　(　　)　　(　　)

qī piàn　　　jì jìng　　　jīng qí　　　fèng mìng

(　　)　　(　　)　　(　　)　　(　　)

2.周瑜、刘备、诸葛亮是我国历史中的名人，请搜集有关他们的故事，并做简要介绍。

_____

_____

_____

存其形，完其势❶，友不疑，敌不动。巽而止，蛊。

❶**存其形，完其势**：保存阵地已有的战斗形貌，进一步完备继续战斗的各种态势。

　　保存阵地的原形，营造还在原地防守的气势，让友军不会怀疑，敌人也不敢贸然进攻。在敌军受迷惑时，隐蔽地转移。

〔汉王金蝉脱壳〕

汉王三年，刘邦与项羽两军对峙于荥阳。楚军多次袭击汉军运粮通道，使汉军粮草不济，被围于荥阳城。

当时，韩信、张耳刚刚率军在井陉口大败赵兵，杀成安君陈余，活捉赵王歇，刘邦封张耳为赵王。楚国多次派兵袭击赵国，韩信、张耳忙于往返救援，以稳固刚刚取得的胜利，所以无暇顾及荥阳。

刘邦派使者到项王营中，要求与项王讲和，项羽不许。

外无援兵，内乏粮食，求和不许，而楚兵围困一日紧于一日，形势真是万分危急。

好在陈平在刘邦身边出谋划策，利用反间计使项羽对亚父范增起了疑心。范增建议迅速强攻打下荥阳，项羽不予采纳，一心要困死刘邦。范增知道项羽不信任自己，一气之下要求告老还乡，项羽同意了。结果，范增在路途发病而亡。

范增虽然除掉了，但荥阳的围困并没有解除。城中粮食一天天地减少，眼看就要断粮了。刘邦万般无奈，日思夜想突围的办法，陈平也绞尽脑汁。军中上下恐慌，军心日益涣散。

一天，陈平看到将军纪信，眼前一亮，一条计谋突然闪现出来。

原来，陈平发现纪信长得与刘邦十分相像，尤其是身材，几乎没有什么区别。

这天晚上，陈平首先派出两千多名女子从城东门出去，楚兵一看，连忙四面围住进行攻击。然后，纪信坐着汉王的车驾也驶出东门，一副汉王的打扮。身边的兵士大喊："城中已无粮食，汉王请求投降！"楚兵一见，连声欢呼，庆贺胜利。四周的兵将都争先恐后地涌向城东观看汉王投降。趁着这当口，刘邦只带了随从几十人从城西门悄悄出去，一路快马加鞭，仓皇而逃。

项羽听说刘邦投降，心中大喜。见到纪信，一看不是汉王本人，便大声喝问："汉王在哪里？"纪信说："已出城去了！"项羽大怒，命手下将纪信活活烧死。

悦读品味

刘邦被围数日，荥阳城中眼看就要断粮，陈平用金蝉脱壳之计使刘邦脱身。通过这个故事我们可以了解到：金蝉脱壳是一种积极主动的撤退和转移，我们应该冷静地观察和分析形势，然后坚决果断地采取行动。

悦读链接

诸葛亮密授退兵计

三国时期，诸葛亮六出祁山，北伐中原，但一直未能成功，终于在第六次北伐时，积劳成疾，在五丈原病死于军中。为了不使蜀军在退回汉中的路上遭受损失，诸葛亮在临终前向姜维密授退兵之计。

姜维遵照诸葛亮的吩咐，在诸葛亮死后，秘不发丧，对外严密封锁消息。他带着灵柩，秘密率部撤退。司马懿派部队跟踪追击蜀军。姜维命工匠仿诸葛亮模样，雕了一个木人，羽扇纶巾，稳坐车中，并派杨仪率领部分人马大张旗鼓，向魏军发动进攻。魏军远望蜀军，军容整齐，旗鼓大张，又见诸葛亮稳坐车中，指挥若定，不知蜀军又要什么花招，不敢轻举妄动。

司马懿一向知道诸葛亮"诡计多端"，又怀疑此次退兵乃是诱敌之计，于是命令部队后撤，观察蜀军动向。姜维趁司马懿退兵的大好时机，马上指挥主力部队，迅速安全转移，撤回汉中。等司马懿得知诸葛亮已死，再进兵追击，为时已晚。

诸葛亮成功运用金蝉脱壳之计使姜维退回汉中。

悦读必考

1. 给下面加点的字注音。

灵柩（　　）　　　　祁（　　）山

荥（　　）阳城　　　羽扇纶（　　）巾

2. 把成语补充完整。

（　）分（　）急　　（　）尽脑（　）　　（　）先（　）后

（　）（　）而逃　　无（　）（　）及　　告老（　）乡

第二十二计 关门捉贼

小敌困之。剥，不利有攸往[1]。

注 释

[1]剥，不利有攸往：《剥卦》说，有所往则不利。此计引此卦辞，是说对小股敌人要即时围困消灭，而不利于急追或者远袭。

古文今译

对弱小的敌人要围困。零散的敌人行动自由难防，不利于追赶。

悦读故事

〔清军围困雅克萨〕

雅克萨是中国黑龙江省的一座小城，被沙俄军队无理侵占。为了收复失地，康熙皇帝在平定"三藩"之乱、收复台湾之后，组织了两次雅克萨之战，沉重地打击了沙俄的侵略野心，捍卫了国家领土主权。

清军在第一次雅克萨战役后主动撤出雅克萨。沙俄不甘心失败，又派托尔布津率领700俄军卷土重来。俄军再占雅克萨，康熙决定再次出兵。

1686年，清军出动数千人，在萨布索将军的带领下开往雅克萨。清军依靠兵力优势，包围了雅克萨，向托尔布津发出撤走的最后通牒。托尔布津认为自己武器装备精良，不仅不撤，反而向清军开火。双方打了四天四夜，托尔布津被炸死，俄军损失100多人。

但是，俄军仗着工事坚固，火药充足，仍然负隅顽抗。为了避免伤亡，清军指挥官下令停止强攻，决定用关门捉贼的战术对付敌人。清军在雅克萨城外挖了壕沟，切断了雅克萨与外界的联系。不久，城内的水和粮食严重不足，饥饿时刻威胁着俄军的生存，伤病员一批批死去。到了年底，城中剩下的俄军只有150多人。沙俄政府派出使节乞求解除雅克萨之围，表示愿意和平谈判。

1689年，中俄两国经过长期讨价还价，签订了著名的《尼布楚条约》。

《尼布楚条约》是中俄两国史上重要的条约，对两国边界安稳有着重大促进作用。

悦读品味

清军围困雅克萨，是利用了敌人的弱小和孤立，发挥了自己的优势，切断了敌人所有的后路，用"关门捉贼"之计取得了胜利。这个故事告诉我们，做事情要讲究方法，以减少不必要的损耗。

悦读链接

［黄巢弃城］

880年，黄巢率领起义军攻克唐朝都城长安，唐僖宗仓皇逃到四川成都。第二年，唐军休整完成，出兵收复长安。这时，唐军声势浩大，直逼长安。

黄巢见形势危急，认为不宜硬拼，当即决定退出长安。

唐朝大军抵达长安，不见黄巢迎战，觉得很奇怪。他们气势汹汹地杀进长安城，才发现黄巢的部队早就全部撤走了。

唐军毫不费力地占领了长安，众将欣喜若狂，纵容士兵抢劫百姓财物，长安城内一片混乱。唐军将领也被胜利冲昏了头脑，饮酒作乐，欢庆胜利。

黄巢知道城中情况后，高兴地说："敌人已入瓮中。"当天半夜时分，黄巢急令部队迅速攻打长安。唐军沉浸在胜利的喜悦中呼呼大睡，突然，天降神兵，起义军以迅雷不及掩耳之势，冲进长安城内，只杀得唐军毫无还击之力。

黄巢用"关门捉贼"之计，重新占据长安。

悦读必考

1. 给下面词语中的加点字注音。

（　）　　（　）　（　）　　　　（　）　（　）

通牒　　　康熙　　　壕沟　　　抢劫　　　避免

2. 仿照下面的句式，再写一个关于《三十六计》的比喻句。

　　　　有人说，《三十六计》是一本永远读不完的微型百科全书；有人说，《三十六计》是一幅色彩斑斓的图画；有人说，《三十六计》是＿＿＿＿＿＿＿＿＿＿＿＿＿＿＿＿＿＿＿。

3. "迅雷不及掩耳"的意思是"比喻来势凶猛，使人来不及防备"，你还能再写出一个类似长度的成语，并解释它吗？

＿＿＿＿＿＿＿＿＿＿＿＿＿＿＿＿＿＿＿＿＿＿＿＿＿＿＿＿＿＿＿

＿＿＿＿＿＿＿＿＿＿＿＿＿＿＿＿＿＿＿＿＿＿＿＿＿＿＿＿＿＿＿

＿＿＿＿＿＿＿＿＿＿＿＿＿＿＿＿＿＿＿＿＿＿＿＿＿＿＿＿＿＿＿

第二十二计　远交近攻

　　形禁势格，利从近取，害以远隔。上火下泽❶。

注 释

❶ 上火下泽：意为上火下泽，两相离违、矛盾。

古文今译

在受到地理形势的限制时，就攻打近处的敌军以获取利益，不要攻击远处的敌人。这是睽卦的道理，虽水火不相容，仍能暂时共处。

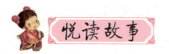
悦读故事

〔秦国远交近攻灭六国〕

战国末期，七雄争霸。秦国经商鞅变法之后，势力发展最快。秦昭王开始图谋吞并六国，独霸中原。

公元前270年，秦昭王准备攻打齐国。范雎向秦昭王献上"远交近攻"之策，阻止秦国攻打齐国。他说："齐国势力强大，离秦国又很远，攻打齐国，部队要经过韩、魏两国。军队派少了，难以取胜；多派军队，打胜了也无法占有齐国的土地。不如先攻打邻国韩、魏，逐步推进。"

秦昭王采纳了范雎的建议。为了防止齐国与韩、魏结盟，秦昭王还派使者主动与齐国结盟。其后十余年，秦始皇继续坚持"远交近攻"之策，远交齐楚，首先攻下韩、魏；然后又从两翼进兵，攻破赵、燕，统一了北方；接着，秦国攻破楚国，平定了南方；最后，终于把齐国也平

定了。

秦始皇征战十年，终于实现了统一中国的愿望。

"远交近攻"就是结交远邦，进攻近国，这是战国时范雎为秦国的统一采用的一种外交策略，秦国用它达到了并吞六国、建立统一王朝的目的。

成吉思汗远交近攻灭金宋

蒙古统一之后，成吉思汗就开始思量如何消灭周边的金、夏、南宋三国。金在他的东南，夏在他的西南，南宋与蒙古只隔着金国。三国中实力最强的就是金国。

成吉思汗先是以威逼利诱的手段与西夏议和，同时派人向南宋提议联合攻打金国。南宋虽然没有答应与蒙古联合攻打金国，但是并不打算干涉蒙古侵略金国，而是采取了"事不关己，高高挂起"的态度。

随后，成吉思汗率大军入侵金国，打得金军节节败退，被迫迁都开封。成吉思汗眼见金威胁不到自己了，大军改而进攻西夏，西夏很快就灭亡了。

不久，成吉思汗病重而亡，他的第三子窝阔台继位。窝阔台沿用了他父亲的策略，他派使者到南宋，说服南宋与蒙古联合攻打金国。金国在南宋和蒙古大军的夹击下，首都开封很快就沦陷了，金哀宗逃到了蔡

州。第二年正月，窝阔台的大军猛烈攻打蔡州。眼见城破，走投无路的金哀宗上吊而亡，随即蔡州沦陷，金国灭亡。

次年六月，蒙古大军攻打南宋。不久，成吉思汗的孙子忽必烈继位，迁都燕京（今北京），将国号改为元。八年之后，元军进攻圭山，逼得南宋大臣与小皇帝跳海而死，南宋灭亡。元统一了中国。

成吉思汗运用远交近攻的策略，成功地瓦解了金、南宋、西夏联合行动的可能，制造了对蒙古国有利的局面，从而将敌方各个击破，为他的子孙统一中国奠定了基础。

悦读必考

1. 给下列词语中加点的字注音。

（　　）　　　　（　　）　　　　（　　）　　　　　　（　　）

商鞅　　　　范雎　　　　舆论　　　　　煽风点火

2. 读下面一段话，用加点的词语再写一段话。

（秦国）首先攻下韩、魏；然后又从两翼进兵，攻破赵、燕，统一了北方；接着，秦国攻破楚国，平定了南方；最后，终于把齐国也平定了。

_____首先_____；然后_____；

接着，_____；最后，_____。

第二十四计　假道伐虢

> 两大之间，敌胁以从，我假以势❶。困，有言不信❷。

注　释

❶ **两大之间，敌胁以从，我假以势**：处在我与敌两个大国之间的小国，敌方若胁迫小国屈从于他时，我则要借机去援救，造成一种有利的军事态势。假，借。　❷ **有言不信**：语出《周易·困卦》。意为：处在困乏境地，所说的话是不会有人相信的。此计运用此卦理，是说处在两个大国之间的小国，面临着受人胁迫的境地时，我若说援救他，他在困顿中会相信吗？

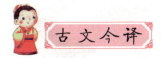

古文今译

处于敌我两个大国之间的小国，当受到敌军的武力胁迫时，我军应以援助的姿态出现，根据形势出击。当然，处在危机中的小国，是不会相信空话的。

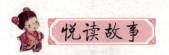

悦读故事

〔晋国借道灭虢国〕

春秋时期，晋国想吞并邻近的两个小国：虞国和虢国。

这两个国家之间关系很好。晋如果袭击虞，虢会出兵救援；晋如果攻打虢，虞也会出兵相助。怎么办呢？

大臣荀息向晋献公献上一计。他说，要想攻占这两个国家，必须要离间他们，使他们互不支持。虞国的国君贪得无厌，正可以投其所好。他建议晋献公拿出心爱的两件宝物，屈产良马和垂棘之璧，送给虞公。献公心有不甘地采纳了荀息的建议，给虞国送上了屈产良马和垂棘之璧。虞公得到良马美璧，高兴得嘴都合不拢了。

晋国故意在晋、虢边境制造事端，找到了攻打虢国的借口。晋国要求虞国借道让晋国伐虢，虞公得了晋国的好处，就答应了。虞国大臣宫之奇再三劝说虞公，不要让道给晋国。虞虢两国，唇齿相依，虢国一旦灭亡，晋国是不会放过虞国的。虞公却说："晋国是大国，现在特

意送来美玉、宝马和咱们交朋友，难道咱们借条道路让他们走走都不行吗？"宫之奇连声叹气，知道虞国离灭亡的日子不远了，于是就带着一家老小离开了虞国。

晋国军队借道虞国，消灭了虢国，随后又把亲自迎接晋军的虞公抓住，灭了虞国。

悦读品味

晋国借虞国之道灭了虢国，虞国同样被晋国吞并。"假道伐虢"告诉我们：只要大家团结一心，互助合作就能众志成城。如果有贪心，不仅会害了好友，而且会祸害自己。

悦读链接

楚文王灭蔡、息二国

楚文王时期，楚国势力日益强大，汉江以东小国，纷纷向楚国称臣纳贡。当时有个小国叫蔡国，仗着和齐国联姻，认为有个靠山，就不买楚国的账，楚文王怀恨在心，一直在寻找灭掉蔡国的时机。

蔡国和另一小国息国关系很好，蔡侯、息侯都是娶的陈国女人，经常往来。但是，有一次息侯的夫人路过蔡国，蔡侯没有以上宾之礼款待，气得息侯夫人回国之后，大骂蔡侯，息侯对蔡侯有一肚子怨气。

楚文王听到这个消息，非常高兴，认为灭蔡的时机已到。他派人与息侯联系，息侯想借刀杀人，向楚文王献上一计：让楚国假意伐息，他就向蔡侯求救，蔡侯肯定会发兵救息。这样，楚、息合兵，蔡国必败。楚文

王一听，何乐而不为？他立即调兵，假意攻息。蔡侯得到息国求援的请求，马上发兵救息。可是兵到息国城下，息侯竟紧闭城门，蔡侯急欲退兵，楚军已借道息国，把蔡国围困起来，终于俘虏了蔡侯。

蔡侯被俘之后，痛恨息侯，对楚文王说："息侯的夫人是一个绝代佳人。"他这话是刺激好色的楚文王。楚文王击败蔡国之后，以巡视为名率兵到了息国都城。息侯亲自迎接，设盛宴为楚文王庆功。楚文王在宴会上，趁着酒兴说："我帮你击败了蔡国，你怎么不让夫人来敬我一杯酒呀？"息侯只得让夫人息妫出来向楚文王敬酒。楚文王一见息妫，果然天姿国色，马上魂不附体，决定一定要据为己有。第二天，他举行答谢宴会，布置好伏兵，席间将息侯绑架，轻而易举地灭了息国。

息侯害人害己，他主动借道给楚国，让楚国灭蔡，给自己报了私仇，却不料，楚国竟不丢一兵一卒，顺手将自己消灭。

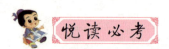

1.给下列词语里人物或地名中的加点字注音。

（　　　）　　　　（　　　）　　　　（　　　）　　　　（　　　）

　　虞国　　　　　虢国　　　　　垂棘　　　　　息妫

2.请用自己的话说一说虞国灭亡的原因。

_____

_____

3.你能写出与成语"唇齿相依"相近的成语吗？

_____

_____

并战计

偷梁换柱

指桑骂槐

假痴不癫

上屋抽梯

树上开花

反客为主

第二十五计　偷梁换柱

频更其阵，抽其劲旅，待其自败，而后乘之①。曳其轮也②。

注　释

①频更其阵，抽其劲旅，待其自败，而后乘之：句中的几个"其"字，均指盟友、盟军。　②曳其轮也：语出《周易·既济卦》。本卦《象》辞："曳其轮，义无咎也。"意为，拖住了车轮，车子就不能运行了。

古文今译

频繁地变动敌军的阵容，暗中抽换他的主力，等他趋于失败时，趁机来吞并他。这就像只要是拖住了大车的轮子，也就控制了大车的运行一样。

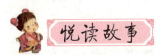

悦读故事

[张孟谈偷梁换柱转败为胜]

春秋末期，晋国有四个掌握大权的诸侯王，其中诸侯王智伯权力最大，土地最多，于是他有了消灭韩、赵、魏另外三个诸侯王，取代晋

敬公的野心。他以晋国将出兵攻打越国为借口，令韩、赵、魏三家各献出部分领地，如果不答应，则以违背晋敬公命令为名，出师相伐。韩康子、魏桓子经过一番权衡，很不情愿地把土地割让给了智伯。

智伯又向赵襄子要地，赵襄子原先与智伯就有芥蒂，坚决不答应。智伯一怒之下就率韩、魏、智三家人马攻打赵。赵襄子不敌败走晋阳，晋阳为赵襄子的父亲赵鞅管辖之地，赵鞅让家臣尹铎治理晋阳，尹铎勤政爱民，因此赵氏深受百姓爱戴。晋阳占尽天时、地利、人和，智伯久攻不下，便引水灌城。智伯在城外巡视，他站在车左边，魏桓子给他驾车，居于中，韩康子则立于车右边。只见四周水势浩荡，好像随时都能淹没晋阳城。智伯不可一世地对两人说："你们看，原来水可以令人亡国！"韩康子与魏桓子互相碰了一下对方，半点也不觉得欢喜，脸上都露出了忧愁之色，心中均想：汾水可以灌魏都安邑，绛水也可以灌韩都平阳。

晋阳城只差五六尺就被水淹没了，城内断水断粮，危在旦夕，赵襄子心急如焚，连忙与谋士张孟谈商量对策。张孟谈说："臣思之良久，若赵灭，智伯必同样以水灌魏都和韩都。臣知韩、魏并不甘心受智伯驱使，如果我们用偷梁换柱之计，一定可以解晋阳之危。"赵襄子喜出望外，连忙派张孟谈潜出城，秘密会见韩康子、魏桓子。张孟谈说服了两人，订下盟约，定下赵、韩、魏三家联合攻打智军的日期。张孟谈做完这一切，又神不知鬼不觉地潜回了晋阳城。

到了约定那天，赵襄子派人连夜潜水出城，摸上水堤杀掉智伯的守兵，挖决口把水放进智伯的军营。智军措手不及，顿时乱作一团，正在这时，韩、魏两人率大军从左右两边杀过来，同时晋阳城门大开，赵襄子率领大军也杀了过来。智军被杀的人仰马翻，剩下的少部分落荒而逃。智伯也在这场战斗中落得了个身首异处的下场。

兵不厌诈，张孟谈看到了形势中对己方有利的人物矛盾，暗中改变了四家势力的敌友关系，反败为胜。这告诉我们，当我们从表面上解决不了问题的时候，可以暗中改变事物的本质从而达到目的。

赵高假传圣意立二世

公元前210年，秦始皇第五次南巡，到达平原津（今山东平原县附近），突然一病不起。此时，秦始皇也知道自己的大限将至，于是，连忙召丞相李斯，要李斯传达密诏，立扶苏为太子。当时掌管玉玺和起草诏书的是宦官头领赵高。赵高早有野心，看准了这是一次难得的机会，故意扣压密诏，等待时机。

几天后，秦始皇在沙丘平召（今河北广宗县境）驾崩。李斯怕政局动荡，所以秘不发丧。赵高去找李斯说："皇上赐给扶苏的信，还扣在我这里。现在，立谁为太子，我和你就可以决定。"狡猾的赵高又对李斯讲明利害："如果扶苏做了皇帝，一定会重用蒙恬，到那个时候，宰相的位置你能坐得稳吗？"一席话，说得李斯果然心动，二人合谋，制造假诏书，赐死扶苏，杀了蒙恬。

赵高未用一兵一卒，只用偷梁换柱的手段，就把昏庸无能的胡亥扶为秦二世，为自己今后的专权打下基础，也为秦朝的灭亡埋下了祸根。

悦读必考

1. 给下面加点的字注音。

（　　　） 　　（　　　） 　　（　　　） 　　（　　　）

赦免 　　　畏忌 　　　陈豨 　　　蒙恬

2. 写出下列词语的近义词和反义词。

怨恨——（　　　）（　　　）　　　采纳——（　　　）（　　　）

第二十六计　指桑骂槐

> 大凌小者，警以诱之❶。刚中而应，行险而顺❷。

注　释

❶大凌小者，警以诱之：强大者要控制弱下者，要用警戒的办法去诱导他。❷刚中
而应，行险而顺：语出《周易·师卦》。本卦《象》辞说："刚中而应，行险而
顺，以此毒天下而民从之。"以此卦象的道理治天下，百姓就会服从。这是吉祥
预示。"毒"，治的意思。

古文今译

实力强大的一方凌驾于实力弱小的一方之上，就用警告来诱导

他。主帅刚正而居正位，就会有部属应和，虽然行事艰险但不会有祸患。

悦读故事

穰苴执法治三军

穰苴是春秋末期齐国人。齐景公时，大夫晏婴向景公推荐穰苴，景公即委任穰苴为将军，率兵去抵御燕、晋之师。

穰苴向齐景公说，自己平素卑贱，骤然间被提拔为将军，"士卒未附，百姓不信，人微权轻"，希望景公派一名贵臣做监军，景公即委派了宠臣庄贾。穰苴与庄贾约定：明日中午，在军门会面。

第二天，穰苴早到军中，立木表，设漏壶，专候庄贾。庄贾平日骄纵，现既任为监军，亲戚左右欢送，留他喝酒，直到傍晚才来到军中。穰苴责问他迟到的原因，他说因为有大夫亲戚相送，所以来迟。

穰苴叫来法官，问道："无故误了时间，按照军法该怎么处理？"法官答道："依军法当斩。"庄

贾害怕，赶紧派人向景公汇报。可是还没等使者返回，穰苴已经斩了庄贾。三军为之震惊。景公使者来救庄贾，驾车来到军中。穰苴说："将在外，君令有所不受。"随后问法官："随便驰入军中犯什么罪？"法官说："当斩！"使者听后害了怕。穰苴说："国君的使者不可以杀。"于是斩了车夫，砍去车左边的立木，杀了最左边的那匹马，向三军宣示，并派人向景公报告处罚结果。

穰苴在军中亲自过问士卒的生活、饮食、住宿条件，照顾生病者，与士卒同甘共苦，深受士卒欢迎。晋、燕之军闻风退走。穰苴指挥部队追击敌兵，顺利地收复了失地。回国后，受到景公重用，任大司马之职，故后人称他为"司马穰苴"。

穰苴先是斩了庄贾，又斩了使者的车夫和车的立木，还有马，从而达到了整饬三军的目的。指桑骂槐，作为军事上的计策，其意义更为深刻。它是作战指挥者用"杀鸡儆猴、敲山震虎"的手段来慑服部下，树立领导威严。

孙武演兵

春秋时期，吴王看了《孙子兵法》，非常佩服孙武，立即召见他。吴王故意刁难孙武，说："你的兵法精妙绝伦，可否用宫女进行一场小规模的演练呢？"孙武心里有数，答应演示。

一群宫女来到校军场上，见旌旗招展，战鼓排列，真是好看。她们嘻嘻哈哈，东瞅西瞧，漫不经心。

孙武下令把180名美女编成两队，并命令吴王的两个爱姬作为队长。两个爱姬觉得好笑好玩，并不把练兵当回事。

孙武十分耐心地对这些宫女们讲解操练要领，还命令在校军场上摆下刑具。然后威严地说："练兵可不是儿戏！你们一定要听从命令，不得马马虎虎，嬉笑打闹，如果谁违犯军令，一律按军法处置！"

孙武发令："全体向右转！"宫女们一个也没有动，孙武并不生气，说道："将军没有把动作要领交代清楚，这是我的错！"于是他又一次详细讲述了动作要领，并问道："大家听明白了没有？"宫女们齐声回答："听明白了！"

孙武再次发令："全体向左转！"美女们还是一个未动。吴王见此情景，也觉得有趣，心想：你孙武再大的本领，也无法让这些宫女们听你的调动。

孙武沉下脸来，说道："动作要领没有交代清楚，是将军的过错，交代清楚了，而士兵不服从命令，就是士兵的过错了。按军法，违犯军令者斩。队长带队不力，应先受罚，将两个队长推出斩首！"

于是，吴王的两名爱姬被斩首示众，吓得众宫女魂飞魄散。

鼓声第三次响起，众宫女按规定动作，一丝不苟，顺利地完成了操练任务。

吴王见孙武斩了自己的爱姬，很不高兴，但仍然佩服孙武治兵的才能。后来还封孙武为将军，使吴国挤进强国之列。

孙武杀吴王爱姬，治军严明，正是用了"指桑骂槐"之计。

悦读必考

1. 给下面加点的字注音。

（　　）　　　（　　）　　　（　　）（　　）

穰苴　　　晏婴　　　庄贾　　　处置

2. 写出下列词语的近义词。

提拔——（　　）　　　骄纵——（　　）　　　处理——（　　）

照顾——（　　）　　　欢迎——（　　）　　　收复——（　　）

3. 仔细阅读，请说说穰苴在你心目中是怎样的一个人物。

_____

_____

第二十七计　假痴不癫

> 宁伪作不知不为，不伪作假知妄为❶。静不露机，云雷屯也❷。

注释

❶ **宁伪作不知不为，不伪作假知妄为**：宁可假装着无知而不行动，不可以假装知道而去轻举妄动。　❷ **静不露机，云雷屯也**：语出《周易·屯卦》。此卦象为雷雨并

作，环境险恶，为事困难。屯，卦名。

宁可假装无知不采取行动，也不假装知道去轻举妄动。镇静而不泄露机密，就像惊雷隐藏在密密的云层里。

青梅煮酒论英雄

东汉末年，曹操挟天子以令诸侯，权倾朝野。刘备虽贵为皇叔，但势单力薄，无法与曹操抗衡。为了防止曹操加害自己，刘备装出一副胸无大志的样子，在家里种菜。

一天，曹操派人请刘备去喝酒。刘备不敢怠慢，赶紧放下手中的事情，胆战心惊地来到曹府。一进曹府，曹操劈头就问："你在家做的大好事！"刘备一听，以为曹操看透了自己的心思，吓得面如土色。可曹操却亲热地牵着刘备的手，询问他种菜是否辛苦，并告诉他："我看到花园青梅已上枝头，又恰逢仆人们煮好了酒，就邀你来同饮。"刘备听罢，这才放了心。

两人来到后花园的小亭，亭中的小桌上已经摆上了青梅和酒樽。两人坐下，对饮起来。酒至半酣，忽然阴云密布，骤雨将至。仆人说天边有条龙，两人凭栏观龙，曹操借题发挥谈论起谁是当今的英雄来。刘备说了几个堪称英雄的人，都被曹操否定了。其实，此时曹操正在揣摩刘备的心思，想知道他是否有称雄称霸的野心。于是就说："天下的英雄

只有你我二人！"

刘备一听，大惊失色，连筷子都吓掉了。恰巧风雨大作，天空中打起雷来。刘备趁机说他害怕打雷。曹操听后，哈哈大笑。曹操觉得一个连打雷都害怕的人，没有什么大出息，从此就放松了对刘备的警惕。

刘备假装胆小怕事，因此躲过了灾祸，并逐渐强大起来。

刘备表面上胆小怕事，其实暗地里却充满智慧，他用"痴"迷惑对方，缓兵待机，后发制人。这告诉我们：在形势不利于自己的情况下，有时就需要"痴"，需要示弱，做人做事不要太强势，这样才能保全自己，实现自己的目标。

[康熙除鳌拜]

康熙帝即位时才11岁，由顺治帝临终时指定的四个顾命大臣辅助执政。四个大臣中，鳌拜最为专权，他不把康熙放在眼里。

康熙虽然年幼，但他从小就才华出众，他觉得鳌拜处处与自己作对，是个心腹大患，必须想办法除掉他。

鳌拜不断派人观察康熙的一举一动，不让康熙羽翼丰满。他看见康熙和一些孩子在玩摔跤的游戏，并不觉得对自己有何威胁，反而认为康熙胸无大志，只知道玩耍，便放松了警惕。

一天，康熙召鳌拜进宫来，说有要事相商，鳌拜不知是计，便大摇大摆地来见皇帝。康熙把一些年纪不大的侍卫召集起来，命那些孩子玩摔跤游戏给鳌拜看。孩子们玩着玩着，一个个跌打翻滚地到了鳌拜身前，这个抱腿，那个抓头，顿时将鳌拜掀翻在地。

鳌拜号称"满洲第一勇士"，他猛一挣扎，那些孩子便都被他绊翻在地。但这些孩子都忠于康熙，仍死命纠缠住鳌拜不放。正在这紧急关头，康熙拿出藏在袖中的匕首，一刀刺进鳌拜的胸中，孩子们一拥而上，将鳌拜擒住。康熙当即宣告：鳌拜谋反，令监禁听审。

就这样，康熙巧妙地剪除了权臣鳌拜和他的党羽，自己执掌朝政。

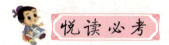 悦读必考

1. 给下面的拼音写上汉字。

　　权qīng（　　）朝野　　　　不敢dài（　　）慢

　　胆zhàn（　　）心惊　　　　心fù（　　）大患

2. 读了这个故事后请说说刘备为什么整日种菜，装出胸无大志的样子？

_____

_____

3. 在曹刘两人论天下谁是英雄时，曹操哈哈大笑，这说明了什么？

_____

_____

_____

第二十八计　上屋抽梯

假之以便，唆之使前，断其援应，陷之死地❶。遇毒，位不当也❷。

注 释

❶假之以便，唆之使前，断其援应，陷之死地：借给敌人一些方便，以诱敌深入我方，乘机切断他的后援和前应，最终陷他于死地。假，借。　❷遇毒，位不当也：如果敌方贪得无厌，便让他们以为得了好腊肉，贪恋而食，食而中毒，失去原来的地盘。

古文今译

故意暴露我军的一些破绽，假装为敌军提供一些可乘之机，以诱使敌军深入我军，然后趁机切断敌军的后援和前应，最终置敌军于死地。

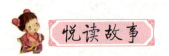

悦读故事

〔曹玮智败西夏人〕

北宋初年，西夏人经常侵犯边疆。一次，西夏军队又来骚扰，渭州知州曹玮领兵出战，打败了敌人。看到西夏兵逃跑远了，曹玮命令士兵赶着敌人丢下的牛羊，抬着敌人丢下的辎重慢慢地往回走。西夏军队逃出几十里后，得到探马关于宋军的报告，西夏主帅认为曹玮贪图财物，行动迟缓，队伍涣散，掉头袭击宋兵，必然大获全胜。

曹玮听说西夏人又折了回来，仍叫部队缓慢行进。部下很担心地劝他说："把牛羊和辎重丢下吧，带着这些累赘，部队会行动不便。"曹玮对这种劝告毫不理睬，直到走到一个地形有利的地方，才命令部队休息，等待敌人到来。

西夏军队逼近的时候，曹玮派人通知西夏主帅说："你们远道而来一定很疲劳，我们不想乘人之危，请你们的人马先休息，然后咱们再开战。"西夏人已经精疲力尽，听到曹玮这话异常高兴，都坐下来休息，过了好久，双方才击鼓交战，结果曹玮的军队毫不费力就把西夏人打得狼狈逃窜。

曹玮的部下对这次战斗轻易取胜感到难以理解。曹玮解释说："我让大家赶着牛羊，抬着辎重，做出队伍涣散的样子，目的是为了诱骗敌人，把他们再引诱回来。敌人走了很远再折回来袭击我们，差不多走了一百里地。这时，如果我们马上开战，他们虽然很疲惫，但士气仍存，战局的胜负很难确定。我先让他们休息，走远路的人一旦停下来休息，就会腿脚肿痛，精神松懈，没有了战斗力。我就是运用这种"上屋抽梯"的办法打败西夏人的。"

　　"上屋抽梯"是一种诱逼计。做法是：第一步制造某种使敌方觉得有机可乘的局面（置梯与示梯）；第二步引诱敌方做某事或进入某种境地（上屋）；第三步是截断其退路，使其陷于绝境（抽梯）；最后一步是逼迫敌方按我方意志行动，或予敌方以致命的打击。文中曹玮正是在诱使敌人完全丧失战斗力的情况下发起攻击，大获全胜的。

［刘琦避祸］

　　东汉末年，刘表偏爱少子刘琮，不喜欢长子刘琦。刘琮的母亲害怕刘琦得势，影响到儿子刘琮的地位，非常恨他。刘琦感到自己处在十分危险的环境中，多次请教诸葛亮，但诸葛亮一直不肯为他出主意。

　　有一天，刘琦约诸葛亮到一座高楼上饮酒，二人正坐下饮酒之时，刘琦暗中派人拆走了楼梯。刘琦说："今日上不至天，下不至地，出君之口，入琦之耳，可以赐教矣。"诸葛亮见状，无可奈何，便给他讲一个故事。

　　春秋时期，晋献公的妃子骊姬想谋害晋献公的两个儿子：申生和重耳。重耳知道骊姬居心险恶，只得逃亡国外。申生为人厚道，要尽孝心，在家侍奉父王。

　　一日，申生派人给父王送去一些好吃的东西，骊姬趁机用有毒的食品将太子送来的食品更换了。晋献公哪里知道，准备去吃，骊姬故意说道，这膳食从外面送来，最好让人先尝尝看。于是，命左右侍从尝一

尝。侍从刚尝一点，倒地而死。晋献公大怒，大骂申生不孝，阴谋杀父夺位，决定杀申生。申生闻讯，也不申辩，自刎身亡。

诸葛亮对刘琦说："申生在内而亡，重耳在外而安。"刘琦马上领会了诸葛亮的意图，立即上表请求到江夏去，避开了后母，终于免遭陷害。

刘琦引诱诸葛亮"上屋"，是为了求他指点，"抽梯"，是断其后路，也就是打消诸葛亮的顾虑。最后，终于问计成功，保全了自己的性命。

悦读必考

1. 给下面加点的字注音。

曹玮（　　　）　　辎（　　　）重　　累赘（　　　）

松懈（　　　）　　刘琮（　　　）　　围歼（　　　）

2. 请用自己的话说一说曹玮是如何打败西夏军队的。

_____

_____

_____

3. 查找资料，说一说历史上还有哪些"上屋抽梯"的故事，和小朋友们分享一下。

_____

_____

_____

悦读悦好
YUEDUYUEHAO

第二十九计　树上开花

借局布势，力小势大[1]。鸿渐于陆，其羽可用为仪也[2]。

注　释

[1] 借局布势，力小势大：句意为借助某种局面（或手段）布成有利的阵势，兵力弱小但可使阵势显出强大的样子。　[2] 鸿渐于陆，其羽可用为仪也：语出《周易·渐卦》。意思是说鸿雁走到山头，它的羽毛可用来编织舞具，这是吉利之兆。渐，卦名。渐，即渐进。

古文今译

借助别人的声势，把我军的力量装点得强大些，以震慑敌人。鸿雁飞到山上，散落下的羽毛就可以作为装饰品。

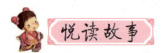
悦读故事

〔田单战燕收失地〕

燕昭王在公元前284年，令大将乐毅为上将军，统率全国精兵，联合韩、赵、魏、秦四国共同伐齐。齐湣王调动齐国全部兵力抵抗五国联军，济西一战，齐军大败。四国联军各回本国，乐毅则率燕军长驱直入，攻占了临淄，在数月内又连着攻下了齐国70多座城池，只有莒和即墨两城还没有攻下，齐国处于生死存亡的边缘。

守卫即墨的将军战死了，城中的齐国人推举田单为大将军，率领全城军民誓死保卫自己的家园，决心与燕军决一死战，决不投降！

足智多谋的田单临危受命，并没有因为暂时的失利而丧失信心。他表示自己决不负众望，一定要率领齐国军民光复齐国。他仔细地分析了当时的战争状况，制订了长期的坚守计划。这样齐国和燕国的军队在即墨相持了五年多的时间。不久，燕昭王病死，燕惠王即位。

田单抓住这个好机会，派人到燕国都城蓟州散布谣言，说乐毅对新君不满，有自立为王的意图。燕惠王听到这个流言之后，马上撤了乐毅的指挥权，任命亲信将军骑劫取代了乐毅。

田单知道燕军的统帅换人之后，他又派人在敌营中散布说："齐国人最怕祖坟被挖掉。"骑劫马上派人将城外的坟墓全部挖掘，齐国的守军在城上看到自己的祖坟被燕军破坏，个个义愤

填膺。

田单又令混在燕军中的细作说："齐国的士兵最怕被俘后让人割去鼻子和耳朵。"愚蠢的骑劫马上下令把所有捉到的齐军俘虏割去鼻子和耳朵，以为这样就可以吓倒齐军，谁知这更激起了齐军的仇恨和斗志，宁死不当俘虏。

田单又命令士兵在城头上撒遍了稻谷。天上的飞鸟大批地从空中降落到城上来吃这些粮食，整个空中黑压压的一片。燕军看到这种奇景，以为是上天保佑齐国，从此心中再无斗志。

齐军同仇敌忾，众志成城，一切准备就绪，田单就组织精兵五千人，将城里的一千多头牛双角装上尖刀，牛身上披着五彩缯衣，牛尾上系着沾满油脂的芦苇，摆下了一个火牛阵。当夜深人静燕军酣睡时，即墨城头擂起了战鼓，齐军用火点燃了牛尾上的芦苇。上千头火牛从城中冲出直奔燕军大营。齐国的壮士在呐喊中跟在火牛后面冲杀，燕军从睡梦中四散逃走，死伤不计其数，骑劫燕军的统帅也被杀死。田单乘胜追击，各地的齐人也纷纷参与追杀，一直把溃败的燕军赶出齐国的边境，收复了所有的失地。

田单复国后，把新君齐襄王从莒接到临淄。齐襄王嘉奖田单，任命田单为齐相国，封他为安平君。

树上开花，是指树上本来没有开花，但可以用彩色的绸子剪成花朵粘在树上，做得和真花一样。此计用在军事上，指的是自己的力量比较小，却可以借友军势力或借某种因素制造假象，使自己的阵营显得强大，也就是说，在战争中要善于借助各种因素来为自己壮大声

势。田单正是用"树上开花"之计，激发将士斗志，使濒临绝境的齐国复生。

悦读链接

法国白兰地借总统大寿打入美国

20世纪50年代，法国名酒白兰地为了打入美国市场，经周密策划，决定借助法美人民的情谊大做文章，时机选定为在任美国总统艾森豪威尔67岁寿辰之时。为此，他们通过不同媒介向美国人民宣布下列消息："法国人民为了表达对美国总统的友好感情，特选赠两桶极为名贵的、酿造已达67年之久的白兰地酒为贺礼。"

美国各大报刊、电台连篇累牍地报道，抓住了千百万人的心，运送两桶白兰地的传说，立即成了华盛顿市民的热门话题。名酒运抵华盛顿的当天，机场通至白宫的沿途街道，挤满了数以10万计的观众，盛况空前，国内所有报刊对赠酒仪式的报道几乎覆盖了头版的版面。

就这样，法国白兰地酒在轰动的气氛中，挤掉了所有的竞争对手，大摇大摆，昂首阔步地摆上了美国的国宴及市民的餐桌上。

悦读必考

1.下列词语书写完全正确的一项是（　　　　）

A.城池　　率领　　光复　　遥言

B.挖崛　　愁恨　　俘虏　　稻谷

C.暂时　　分析　　义图　　准备

D.降落　　保佑　　溃败　　芦荟

2.请简述一下足智多谋的田单是怎样一步步实现复国计划的?

_____

_____

_____

第二十计　反客为主

注　释

乘隙插足，扼其主机❶，渐之进也❷。

❶**乘隙插足，扼其主机**：看准时机插足进去，掌握要害关节之处。　❷**渐之进也**：语出《周易·渐卦》本卦《象》辞："渐之进也。"意为循序渐进。

古文今译

趁着有漏洞就赶紧插足进去，抓住要害，循序渐进地夺取主动。

悦读故事

郭子仪单骑赴会

765年，郭子仪已年近古稀，可是唐王朝又一次面临危机。叛将仆固怀恩勾结吐蕃、回纥，30万大军分几路兵犯中原，接连攻陷了缸泉、邪用、凤翔，威逼长安。郭子仪再一次临危受命，赶赴前线迎敌，这时仆固怀恩暴病身亡，而回纥与吐蕃又出现了矛盾。郭子仪认为可以利用这个机会，争取回纥，遂派人去见回纥主将药葛罗，转达了郭子仪的问候。药葛罗当年收复两京时曾见过郭子仪，对他相当佩服，但他不相信郭还活着，遂让使者转告，让郭子仪亲自来谈。

郭子仪闻讯后上马就要单骑赴回纥大营，众将百般劝阻，他的儿子郭烯更是死死拉住他的马缰绳不放，不让他去冒险。郭子仪说："现在强敌当前，形势危急，如果交战，不但我父子难保，而且国家也很危险，不如以诚意劝服他们。如果成功，是天下人的福分；如果失败，我个人性命又算得了什么！"说完，他用马鞭猛地打掉郭烯的手，然后只带了几名随从，冲出了军营。

郭子仪到了回纥营前，令从人高声通报，郭令公到此。回纥兵如临大敌，弯弓搭箭，准备战斗。只见郭子仪不慌不忙，卸掉盔甲，放下长枪，

缓步走向营门。药葛罗及回纥众将见真的是郭子仪来了，慌忙列队施礼，郭子仪上前拉起药葛罗的手，叙了叙旧情，然后晓以大义，说："从前回纥曾对唐朝有功，现在却来攻打唐朝，这样岂不前功尽弃？仆固怀恩这种人背君弃母，为天下人所不齿，你们跟着他，弃前功而结新怨多不值得！我今天冒死前来，就是与你们讲清道理，你们可以杀我，但我的将士是会与你们决一死战的。"

药葛罗听了汗颜，马上表示是上了仆固怀恩的当，从此不愿再与郭老将军作战。郭子仪进一步说，吐蕃如何无道，趁唐朝内乱，不顾甥舅之情，侵占土地，掠我财物，如果回纥愿意助唐军击退吐蕃，唐朝愿意将吐蕃掠去的牛羊财物全部转送。于是两家和好，共同抗击吐蕃。吐蕃闻讯，连夜退兵，郭子仪命人率精骑与回纥联手追击，大败吐蕃，毙敌5万，俘虏10万。

从此，郭子仪单骑赴会遂成佳话，流传至今。

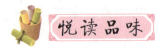
悦读品味

郭子仪单骑赴会，说服回纥主将药葛罗，共抗吐蕃。他反客为主，最终获得成功。生活中，当我们面对困境的时候，不要气馁，应该抓住时机，变被动为主动，改变自己的不利形势。

悦读链接

袁绍的"反客为主"

袁绍和韩馥是一对盟友，当年曾经合力征讨过董卓。后来袁绍势力渐渐强大起来，总想着要不断扩张。他屯兵河内，兵马众多，缺少粮草，十分头疼。而韩馥却保持了他农民时代的习惯，没什么野心，一心只想着种粮食，同时他还保持了农民时代的淳朴和厚道，他听说袁绍因为缺粮而头大的时候，主动派人送去了许多粮草，帮助袁绍解决困难。袁绍的人和马终于都有东西吃了，开心得不得了。但是袁绍却觉得老是等人送粮草，也不是个办法，而且吃人家的嘴软，拿人家的手短，现在又吃又拿，软得连头都抬不起来了。必须从根本上解决这个问题了。他听了手下谋士逢纪的劝告，决定夺取韩馥堆放粮草的地方——冀州。

他首先给公孙瓒写了一封信，与他约定过去的事不提，建议公孙瓒与他一起攻打冀州。公孙瓒也早就瞅准了那个粮仓，这个建议正中了他的下怀。他立即下令部队，做好攻打冀州的准备。

袁绍又暗地派人去见韩馥，对韩馥说："公孙瓒和袁绍联合攻打冀州，冀州肯定是保不住的。袁绍不是好兄弟吗？最近不是还收过你送去的粮草吗？为何不联合袁绍，对付公孙瓒呢？让袁绍进城帮你守着，冀州就可以保住了。"

韩馥对袁绍怀着美好的期待，迎他入城。这个请来的客人表面上很尊重韩馥，对于他过去的帮助感激涕零，而实际上袁绍却逐渐将自己的部下一个一个地安排在了冀州的要害部位。这个时候，韩馥才感觉到在自己的地盘里面，怎么感觉好像到别人家做客那样别扭，他才明白他这个"主"已经被袁绍这个"客"给取代了。为了保住性命，他只得趁着夜色，流着眼泪只身逃出了冀州。

悦读必考：

1. 给下面专用名词中的加点字注音。

吐蕃（　　　）　　　回纥（　　　）　　　药葛（　　　）罗

郭烯（　　　）　　　韩馥（　　　）　　　公孙瓒（　　　）

2. 仿写句子。

　　现在强敌当前，形势危急，如果交战，不但我父子难保，而且国家也很危险，不如以诚意劝服他们。如果成功，是天下人的福分；如果失败，我个人性命又算得了什么！

_____

_____

_____

败战计

走为上计　连环计　苦肉计　反间计　空城计　美人计

第三十一计 美人计

兵强者，攻其将；将智者，伐其情[1]。将弱兵颓，其势自萎。利用御寇，顺相保也[2]。

注 释

[1] **兵强者，攻其将；将智者，伐其情**：对兵力强大的敌人，就攻击他的将帅，对明智的将帅，就打击他的情绪。 [2] **利用御寇，顺相保也**：语出《周易·渐卦》。本卦九三《象》辞："利用御寇，顺相保也。"是说利于抵御敌人，顺利地保卫自己。

古文今译

对于力量强大的敌人，就攻打他的将帅；如果是有智慧的将帅，就打击他的意志。如果将帅丧失了斗志，兵士就会消沉，敌人的气势就会自行地萎缩。利用这些计策来控制敌人，就可以顺利地保全自己。

悦读故事

〔陈平以美制美〕

汉高帝曾亲率大军迎击匈奴，结果中计，被匈奴单于冒顿重重包围于白登。高帝被围七天七夜，汉军内外不能互相接济军粮，七日不得

食。时值严寒，高祖和将士们冻得瑟瑟发抖，手脚俱僵。

被围三日后，粮食紧缺，饥寒交迫，汉军危在旦夕。

到第七日，陈平妙计忽生，高祖赶忙照办。

原来，冒顿新得阏氏(单于皇后)，十分宠爱，朝夕不离。此次驻营山下，屡与阏氏并马出入，浅笑低语，情意甚笃。陈平想到不如从阏氏身上入手，于是派遣使臣，趁雾下山。阏氏见汉使来，悄悄走出帐外，策退左右，召见汉使。汉使献上汉地金珠，并说是汉帝送给阏氏的，并取出图画一幅，说是汉帝请阏氏转给单于。阏氏见到金光闪闪的黄金，明晃晃的珍珠，目眩心迷，便收下了。展开图画，只见绘着一个美人儿，不禁羡妒起来，便问："这幅美人图，有何用处？"汉使假装一副虔诚的样子，答道："汉帝被单于所围，愿意罢兵言好。所以把金珠奉送阏氏，求阏氏代为求情，又怕单于不肯，愿将我国第一美人献给单于。因美人不在军中，故先把画像呈上。"

阏氏生气地说："用不着这样，拿回去吧。"

汉使道："汉帝也觉得把美人献给单于，怕夺了阏氏之爱，但迫不得已，只好如此了。若阏氏能解白登之围，自然不献美人，情愿给阏氏多送金珠。"

阏氏道："请你回去跟汉帝说，请他放心好了。"说完，将图画交还汉使。汉使称谢而去。

后来，阏氏仗着冒顿对自己的宠幸，设法使冒顿撤军，解了白登之围。

这里，陈平以虚击实把"美人

计"用在美人身上，可称得上"以美制美"，陈平真是把"美人计"用到家了。

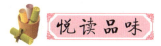
悦读品味

陈平把"美人计"用在美人身上，以美制美，可谓是把美人计用到了极致，从而解了白登之围。看来，对兵力强大的敌人，要制服它的将帅；对于足智多谋的将帅，要设法去腐蚀他。将帅斗志衰退，部队肯定士气消沉，也就失去了作战能力。

悦读链接

[勾践灭吴]

勾践被放回越国之后，卧薪尝胆，不忘雪耻。吴国强大，靠武力，越国不能取胜。大夫文种向他献上一计："高飞之鸟，死于美食；深泉之鱼，死于芳饵。要想复国雪耻，应投其所好，衰其斗志，这样，可置夫差于死地。"

于是勾践挑选了两名绝代佳人西施、郑旦，送给夫差，并年年向吴王进献珍奇珠宝。夫差认为勾践已完全臣服，所以一点儿也不加怀疑，整日与美人饮酒作乐，连大臣伍子胥的劝谏也完全听不进去。

夫差贪恋女色，一天比一天厉害，根本不想过问政事。伍子胥力谏无效，反被逼自尽。勾践看在眼里，喜在心中。公元前482年，吴国大旱，勾践趁夫差北上会盟之时，突出奇兵伐吴，吴国终于被越所灭，夫差也只能一死了之。

1. 把下列词语补充完整。

（　）（　）发抖　　　朝夕（　）（　）　　　　（　）（　）包围

饥寒（　）（　）　　　危在（　）（　）　　　　（　）笑（　）语

2. 查找资料，你还知道历史或文学名著中有哪些运用美人计的故事

　　吗？用自己的话说一说。

_____

_____

虚者虚之，疑中生疑[1]；刚柔之际，奇而
复奇。

❶虚者虚之，疑中生疑：第一个"虚"为名词，意为空虚的；第二个"虚"为动
词，使……虚，意为让它空虚。全句意思是，空虚的就让其空虚，使之在疑惑中
更加疑惑。

古文今译

　　兵力虚弱时，就故意显示出虚弱的样子，会使敌军疑心中再生疑心。用这种方法对付强大的敌军，奇法中又包含奇法。

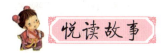

悦读故事

〔李广镇定战匈奴〕

　　李广是汉武帝时的一位名将，人称"飞将军"，匈奴人听到他的名字，无不闻风丧胆。

　　有一次，李广率军在上郡与匈奴人作战，随军的宦官带领几十名骑兵在草原上放马飞驰，遭遇3个箭法娴熟的匈奴兵。汉兵大部分被射中，带伤狼狈地逃回军营。李广点齐100名骑兵，飞身上马，冲出军营。不一会儿，追上了那3个匈奴兵，李广的士兵蜂拥而上，射死两个，俘虏一个。

　　正当李广一行得意扬扬地往回赶的时候，大队匈奴骑兵追了上来，远远望去黑压压一片，足有好几千人。李广镇定地对大家说："我们已经离开大营几十里了，如果往回跑，匈奴一定会追上来把我们消灭。现在大家只有保持镇静，迎上前去，匈奴人以为我们是来引诱他们的，一定不敢攻击我们。"

　　李广带领士兵迎着敌人向前走，在离敌人两里远的地方停了下来。事情果然像李广所预料的那样。匈奴大队人马遇到李广的百名骑兵后感到很疑惑，不知他们到底要干什么。后来见汉兵不仅没被吓跑，反而迎上前来，匈奴将领认定是李广使用的诱敌之计，命令大队人马稳住阵脚，不许贸然出击。为证实自己的判断，匈奴将领命手下一位骑白马的

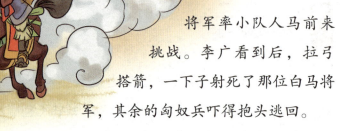

将军率小队人马前来挑战。李广看到后，拉弓搭箭，一下子射死了那位白马将军，其余的匈奴兵吓得抱头逃回。

这一试探使匈奴将领相信自己的猜测是正确的。不久，夜幕笼罩了大草原，匈奴将领反而心虚起来。他联想到以前误中汉兵埋伏死里逃生的情景，身上感到一阵阵地发冷，于是命令全军马上撤退。

面对几千人的匈奴骑兵，李广临危不惧，利用匈奴人多疑的特点，巧布迷阵，用空城计吓退了敌人。在与匈奴骑兵长时间的对峙中，李广没有流露出一丝一毫的惊慌，一直坚持到敌人退走。可见，运用空城计关键在于镇定自若，不让敌人发现一点儿破绽。

"空城计"是一种心理战。李广抓住了敌人多疑的心理特点，大胆而又镇静。他在敌众我寡的情况下，故意示人以不设兵备，造成敌方错觉，从而惊退敌军，就是所谓"实者实之，虚者虚之"。这需要施计者大胆、镇静，还要了解对方心理。

［诸葛亮抚琴退敌］

诸葛亮因错用马谡而失掉战略要地——街亭，魏将司马懿乘势率领

15万大军向诸葛亮所在的西城蜂拥而来。当时，诸葛亮身边没有大将，只有一班文官，所带领的5000军队，也有一半运粮草去了，只剩2000多名残兵在城里。听到司马懿带兵前来，大家都大惊失色。诸葛亮登城楼观望后，对众人说："大家不要惊慌，我略用计策，便可教司马懿退兵。"

诸葛亮传令，把所有的旌旗都藏起来，士兵原地不动，如果有私自外出以及大声喧哗的，立即斩首。又叫士兵把四个城门打开，每个城门之上派20名士兵扮成百姓模样，洒水扫街。诸葛亮自己披上鹤氅，戴上高高的纶巾，领着两个小书童，带上一把琴，到城楼上凭栏坐下，燃起香，然后慢慢弹起琴来。

司马懿到达城下，看见诸葛亮端坐在城楼上，笑容可掬，正在焚香弹琴。左面一个书童，手捧宝剑；右面也有一个书童，手里拿着拂尘。城门里外，20多个百姓模样的人在低头洒扫，旁若无人。司马懿看后，疑惑不已，心想："诸葛亮一生谨慎，不曾冒险。现在城门大开，里面必有埋伏，我军如果进去，正好中了他们的计。还是快快撤退吧！"于是各路兵马都退了回去。

诸葛亮善于抓住对方心理，巧用空城之计，成功脱险。

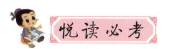
悦读必考

1. 给下列词语中的加点字注音。

娴熟（　　） 对峙（　　） 马谡（　　）

司马懿（　　） 鹤氅（　　） 旌旗（　　）

2. 请举出我国历史上运用"空城计"的事例。

第二十三计　反间计

疑中之疑。比之自内，不自失也[1]。

[1] 比之自内，不自失也：人们通常相信辅助来自内部，便不会导致自己的失败；我方利用这一常理，在敌人内部插上钉子，打击敌人。

在敌军的疑阵中布下我军的疑阵，反用敌军安插在我军的间谍传递虚假情报，用来打击敌方。辅助来自内部，就不会失败。

〔蒋干中计〕

曹操率领号称的83万大军，准备渡过长江，占据南方。当时，孙刘联合抗曹，但兵力比曹军要少得多。曹操的队伍都由北方骑兵组成，善于马战，不善于水战。正好有两个精通水战的降将蔡瑁、张允可以为曹操训练水军。曹操把这两个人当作宝贝，优待有加。一次东吴主帅周瑜见对岸曹军在水中排阵，井井有条，十分在行，心中大

惊。他想，一定要除掉这两个心腹大患。

曹操一贯爱才，他知道周瑜年轻有为，是个军事奇才，很想拉拢他。曹营谋士蒋干自称与周瑜曾是同窗好友，愿意过江劝降。曹操当即让蒋干过江说服周瑜。周瑜见蒋干过江，一个反间计已经酝酿成熟了。他热情款待蒋干，宴席上，周瑜让众将陪同，炫耀武力，并规定只叙友情，不谈军事，堵住了蒋干的嘴巴。

周瑜佯装大醉，约蒋干与自己共眠。蒋干见周瑜不让他提及劝降之事，心中不安，哪里能够入睡。他偷偷下床，见周瑜案上有一封信。他偷看了信，原来是蔡瑁、张允写来，约定与周瑜里应外合，击败曹操。

这时，周瑜说着梦话，翻了翻身子，吓得蒋干连忙上床。过了一会儿，忽然有人要见周瑜，周瑜起身和来人谈话，还装作故意看看蒋干是否熟睡。蒋干装作沉睡的样子，听见周瑜他们小声谈话，听不清楚，只听见提到蔡、张两人。于是蒋干对蔡、张两人和周瑜里应外合的计划确认无疑。他连夜赶回曹营，让曹操看了周瑜伪造的信件，曹操顿时火起，杀了蔡瑁、张允。等曹操冷静下来，才知中了周瑜反间之计，但也无可奈何了。

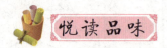

悦读品味

反间计就是巧妙地利用敌人的间谍，使其为我所用。周瑜用蒋干杀掉了蔡瑁、张允，他很巧妙地运用反间计诱使曹操上当。我们可以领悟到：做事要擦亮眼睛，不要像曹操一样被假象所迷惑，如果办成错事，后悔就晚了。

悦读链接

〔韩世忠的假情报〕

南宋初期，高宗害怕金兵，不敢抵抗，朝中投降派得势。主战的著名将领宗泽、岳飞、韩世忠坚持抗击金兵，使金兵不敢轻易南下。

1134年，韩世忠镇守扬州。南宋朝廷派魏良臣、王绘等去金营议和。二人北上，经过扬州。韩世忠心里极不高兴，生怕二人为讨好敌人，泄露军情。可他转念一想，何不利用这两个家伙传递一些假情报。等二人经过扬州时，韩世忠故意派出一支部队开出东门。二人忙问军队去向，回答说是开去防守江口的先头部队。二人进城，见到韩世忠。忽然一再有流星庚牌送到。韩世忠故意让二人看，原来是朝廷催促韩世忠马上移营守江。

第二天，二人离开扬州，前往金营。为了讨好金军大将聂呼贝勒，他们告诉他韩世忠接到朝廷命令，已率部移营守江。金将送二人往金兀术处谈判，自己立即调兵遣将。韩世忠移营守江，扬州城内空虚，正好夺取。于是，聂呼贝勒亲自率领精锐骑兵向扬州挺进。

韩世忠送走二人，急令"先头部队"返回，在扬州北面大仪镇（今江苏仪征东北）的二十多处设下埋伏，形成包围圈，等待金兵。金兵大军一到，韩世忠率少数兵士迎战，边战边退，把金兵引入伏击圈。只听一声炮响，宋军伏兵从四面杀出，金兵乱了阵脚，一败涂地，先锋遭擒，主帅仓皇逃命。金兀术大怒，将送假情报的两个人投降派囚禁起来。

韩世忠利用假情报，巧用反间计，大败金军。

悦读必考

1. 给下面的拼音写上汉字。

yáng（   ）装   泄 lòu（   ）   调兵 qiǎn（   ）将

2. 下列句子中加点成语使用恰当的一项是（   ）

A. 仁川亚运会上，为中国队加油的声音络绎不绝。

B. 许多爱心人士蠢蠢欲动地投入长江中下游地区的抗旱工作。

C. 面对韩世忠部队的重重包围，金兵束手无策，一败涂地。

D. 云台山山好水好，人文底蕴深厚，具有德高望重的生态、文化、旅游资源优势。

3. 你还知道历史上哪些关于"反间计"的故事？

_____

_____

_____

第二十四计　苦肉计

人不自害，受害必真；假真真假，间以得行。童蒙之吉，顺以巽也[1]。

注　释

[1] **童蒙之吉，顺以巽也：** 本意是说幼稚蒙昧之人所以吉利，是因为柔顺服从。

古文今译

常人一般不会自我伤害，如果遭受了伤害，必然是真实的。以假当真，使敌人信而不疑，离间计就可以实施。

悦读故事

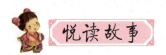

[要离断臂杀庆忌]

春秋时，吴国公子光用刺客杀了吴王僚，自立为王，这就是吴王阖闾。

吴王僚的儿子庆忌逃到卫国，招纳人马，随时准备回国复仇。阖闾知道庆忌非常勇猛，视其为心腹大患，但又找不到合适的办法除掉他。

扶持阖闾上台的伍子胥，知道吴王的忧患，便给他找来了一个人，名叫要离。

要离自称能够替吴王除掉庆忌，吴王一看要离身材矮小，其貌不扬，不相信他近得了庆忌的身。

要离说："会杀人的用智不用力。庆忌现在正在收罗亡命之徒，我可以诈作罪犯投奔于他，取得他的信任，伺机行刺。"

吴王说："这有道理。可是你怎么诈作罪犯呢？他又怎么肯信任你呢？"

要离说："我可以当众激怒大王，请大王斩去我的右手，杀死我的家人，这样，庆忌就会信任我了。"

吴王不忍心如此做，说："你又没有犯罪，我怎么可以下此毒手呢？"

要离执意这样做，伍子胥也在一旁支持。吴王想了好一会儿，终于同意了，下令斩去要离的右臂，打入牢狱。

过了几天，伍子胥设法让要离从牢狱逃出。要离一出国境就到处散布吴王的坏话，发誓要报断臂之仇。阖闾下令把要离的妻子也抓来当众活活烧死。

要离一到卫国就去投奔庆忌，开始庆忌不肯相信，等到看了要离

被砍去的右臂，又听心腹报告吴王已将要离的妻子当众烧死后，便深信不疑了。

要离从此为庆忌出谋划策，庆忌对他言听计从。当庆忌的军事力量准备得差不多了时，便乘船渡江攻打吴国。庆忌和要离同坐一条船，庆忌坐在船头，要离持戟侍立。船到江心，一阵风起，要离借助风力，单臂挥戟向庆忌刺去。由于庆忌毫无警惕，结果被当场刺死。

要离终于为吴王除去了心腹大患，他自己也自杀身亡。

悦读品味

吴国要离为了除掉庆忌，故意让吴王断其臂，杀其妻，用苦肉计取得庆忌信任，使刺杀计划得逞，可谓将苦肉计运用到了极致。然而这种做法，却历来受到"值"与"不值"的争议。要离，因此而留名后世，不知道是他受到的争议多，还是赞颂多呢？

悦读链接

［勾践受辱］

越王勾践被吴王夫差打败后，为了保命，只有到吴国给夫差当了仆人。

到吴国后，勾践住在山洞里。夫差每次外出，勾践都亲自为他牵马。有人辱骂勾践，勾践始终低眉顺眼，表现出一副驯服的神情。他表面上对夫差忠心耿耿，实际上暗中策划复兴越国的计划。

有一次，夫差病了，勾践探望夫差，并亲口尝了尝夫差的粪便，然后对夫差说："我曾跟名医学过医道，只要尝一下病人粪便，就能知道病的轻重。刚才我尝了大王的粪便，味酸而苦，得了'时气之症'。这种病很快就会好，请大王不必担心。"夫差听了很受感动，认为勾践比自己的儿子还孝顺，绝对没有反叛之心，不久便允许勾践回到越国。

回到越国的勾践，放弃了舒适安逸的王宫，搬进了破旧的马厩中居住。他睡在柴草上，在房梁吊下一根绳子，绳子一端拴着一个奇苦无比的猪苦胆，每天醒来，勾践第一件事就是先尝一口奇苦无比的苦胆！20年，他雷打不动，天天如此。

尝粪问疾、卧薪尝胆20年，勾践忍人所不能忍之辱，受人所不能受之苦，苦心励志，发愤强国，最终灭了吴国，报仇雪恨，创下了以小打大，以弱胜强的人间神话！

悦读必考

1. 给下列词语注音。

（　　　）　　　（　　　）　　　（　　　）　　　（　　　）

散布　　　投奔　　　牢狱　　　警惕

2. 跨越时空，走近古人，如果你以小记者的身份采访要离，你会问他哪些问题？（至少两个）

（1）_____

（2）_____

3. 有人认为要离是一个忠心不二的良臣，有人认为要离为了忠于吴王而舍弃家庭，家破人亡，属于愚忠，请谈谈你的看法。

_____

第二十五计 连环计

将多兵众，不可以敌，使其自累，以杀其势。在师中吉，承天宠也[1]。

注 释

[1] **在师中吉，承天宠也**：主帅身在军中指挥，吉利，因为得到上天的宠爱。

古文今译

敌人兵多将广，就不要与他们硬拼，应该想办法让他们自相牵制，削弱他们的实力。三军统帅如果用兵得法，就像有天神护佑一样，能够轻而易举地战胜敌人。

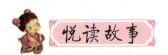

悦读故事

〔蒋干再次中计〕

赤壁大战时，东吴老将黄盖见曹操水寨船只一个挨一个，又无得力指挥，建议周瑜用火攻曹军。并主动提出，自己愿去诈降，趁曹操不备，放火烧船。周瑜说："此计甚好，只是将军去诈降，曹贼必定生疑。"黄盖说："何不使用苦肉计？"周瑜说："那样，将军会吃大苦。"黄盖说："为了击败曹贼，我甘愿受苦。"

第二日，黄盖故意当众顶撞周瑜。周瑜大怒，下令推出斩首。众将苦苦求情，周瑜说："死罪可免，活罪难逃。"命令将黄盖重打一百军棍，打得他鲜血淋漓，皮开肉绽。

黄盖私下派人送信给曹操，大骂周瑜，表示一定寻找机会前来降曹。曹操派人打听，黄盖确实受刑，现正在养伤。他将信将疑，于是，派蒋干过江察看虚实。

周瑜这次见了蒋干，指责他盗书逃跑，坏了东吴的大事，把蒋干给软禁起来。一日，蒋干心中烦闷，在山间闲逛。忽然听到从一间茅屋中传出琅琅的书声。蒋干进屋一看，见一人正在读兵法，攀谈之后，知道此人是名士庞统。他说，周瑜年轻自负，难以容人，所以隐居山里。蒋干果然又自作聪明，劝庞统投奔曹操。庞统假装应允，并偷偷帮蒋干返回曹营。

庞统献计曹操："曹军兵多船众，数倍于东吴，不愁不胜。为了克服北方兵士的弱

点，何不将船连锁起来，平平稳稳，如在陆地之上。"曹操果然依计而行。

一日，黄盖在快船上满载油、柴、硫、硝等引火物，按事先与曹操联系的信号，插上青牙旗，飞速渡江诈降。这日刮起东南风，正是周瑜他们选定的好日子。曹营官兵见是黄盖投降的船只，并不防备，忽然间，黄盖的船上火势熊熊，直冲曹营。风助火势，火借风威，曹营水寨的大船一条连着一条，想分也分不开，一齐着火。周瑜早已准备快船，驶向曹营，杀得曹军一败涂地，曹操本人也险些丧命。

连环计主要有两计，一是"累敌"，一是"攻敌"，周瑜先用计使曹操战船相连，使其"累"，又用"苦肉计"攻敌，取得大胜。这告诉我们，计中有计，才能使对方防不胜防。

〔毕再遇巧设连环计〕

宋代将领毕再遇分析金人强悍，骑兵尤其勇猛，如果正面交战往往造成重大伤亡。所以他用兵主张抓住敌人的重大弱点，设法钳制敌人，寻找战机。

一次又与金兵遭遇，他命令部队不得与敌正面交锋，采取游击流动战术。敌人前进，他就令队伍后撤，等敌人刚刚安顿下来，他又下令出击，等金兵全力反击时，他又率队伍跑得无影无踪。就这样，退

退进进，打打停停，把金兵搞得疲惫不堪。金兵想打又打不着，想摆又摆不脱。

到夜晚，金军人困马乏，正准备回营休息。毕再遇准备了许多用香料煮好的黑豆，偷偷地撒在阵地上。然后，又突然袭击金军。金军无奈，只得尽力反击。毕再遇的部队与金军战不几时，又全部败退。金军气愤至极，乘胜追赶。谁知，金军战马一天下来，东跑西追，又饿又渴，闻到地上有香喷喷的味道，用嘴一探，知道是可以填饱肚子的粮食。战马一口口只顾抢着吃，任用鞭抽打，也不肯前进一步。金军调不动战马，在黑夜中，一时没了主意，显得十分混乱。毕再遇这时调集全部队伍，从四面包围过来，杀得金军人仰马翻，横尸遍野。毕再遇就是用"拖"的战术，巧施连环计，打败了金兵。

悦读必考

1. 读下面拼音，在括号内写上汉字。

    强 hàn（　　）　　　　　一败 tú（　　）地

    鲜血 lín（　　）lí（　　）　　láng（　　）láng（　　）书声

2. 在《三十六计》故事中，蒋干共中了几次计，分别是什么？

    _____

3. 阅读"悦读链接"小故事，概述毕再遇是如何拖垮金兵、先疲后攻的？

    _____

    _____

第二十六计　走为上计

全师避敌。左次无咎，未失常也。

注　释

❶全师避敌：全军退却，避开强敌。

古文今译

为了保全军队，退却避开强敌，会免遭灾祸，这也是一种常见的用兵之法。

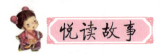

悦读故事

［刘备巧妙离许都］

建安三年，刘备被吕布打败，在不得已的情况下率众投靠了曹操。曹操表奏汉献帝，封刘备为左将军，让他留在许都。刘备表面上得了官职，实际上无权无势，时时处处受曹操的控制。

刘备深为自己壮志难酬而苦恼，恨不能生双翅飞出许都。为迷惑曹操，刘备故意学种菜。曹操觉得刘备胸无大志，渐渐地对他失去了戒心。

　　一天，刘备与曹操闲坐，军兵报告说袁术欲弃淮南而投河北。刘备听罢暗想：曹操欲灭袁术已经很久了，我何不以此为借口逃离许都呢？于是，刘备对曹操说："袁术北上必然过经徐州。我打算率一队军马在半路截击他，置袁术于死地。"曹操犹豫了一下，然后说："明日奏请天子后再起兵吧！"

　　次日，刘备恐曹操中途变卦，亲自奏请献帝，要求率兵去讨伐袁术。献帝应允后，曹操令刘备总督五万兵马出征。

　　刘备回府后连夜收拾鞍马，挂上将军印，催促关羽、张飞立即启程。关、张二人问其故，刘备答道："吾在许都乃笼中之鸟，网中之鱼。这次出征，乃鱼入大海，鸟上青霄，再也不受笼网的羁绊了。"

关、张听罢，如梦初醒，随刘备率兵马疾行而去。

刘备刚出许都，谋士郭嘉就得到了消息，他向曹操进言："丞相为何遣刘备去讨袁术，刘备一去可就不复返了，此乃放龙入海，纵虎归山啊！"曹操遂起后悔之心，急令许褚率五百精兵截回刘备。

刘备在出师前为防止曹操变卦，不仅得到了曹操的将令，而且在献帝那里得到了谕旨。此刻许褚来拦截，刘备三言两语便把许褚说得无言以对。许褚无奈，只得率众回许都向曹操复命。

刘备这一走，如同笼中之鸟重返山林。之后，他招兵买马，礼贤下士，请诸葛亮出山，联合东吴，在赤壁之战中大胜曹操。后来，曹操每每想起刘备的出走，便嗟然长叹，悔之晚矣！

悦读品味

刘备看到形势对自己极为不利时就用计逃出许都，得以发展，建立了蜀国政权。这告诉我们，做事时要注意审时度势，如果形势不利没有成功的希望时就选择退却和逃避，积蓄力量，等待时机，不要一意孤行，固执己见。

悦读链接

晋文公"退避三舍"

春秋时期，晋国攻占了依附楚国的曹国，这引起了楚国的强烈不满，楚国当即派大将子玉率大军攻打晋国。

楚国的大军浩浩荡荡往晋国而来。晋文公听到这个消息倒不觉得意外，他早已料到这一战不可避免。楚军兵强马壮，来势汹汹，晋国根本不是对手。经过一番利弊权衡，他决定先避其锋芒再做打算，于是他对别人宣称："以前我流亡的时候，楚国先王对我礼敬有加。我跟他说过，如果我返回晋国，我必将与楚国交好，如果迫不得已兵戎相见，那我就退避三舍。现在我就履行诺言，先退避三舍。"

他一直撤退到了晋国边界城濮，晋文公见这里面临黄河，背靠太行山，足以凭借地形优势御敌，便驻扎了下来。同时，他派人向秦国和齐国求救。趁着楚军没来，他又派人到楚军的左、中、右三军中打探，派出去的人回来禀告，右军前锋为陈、蔡士兵，他们都是被威逼来的，因此毫无斗志。

当子玉率着大军追到城濮时，晋文公早已准备好了。子玉命令右军先进攻晋军，晋军假意败退，引诱陈、蔡的士兵追赶。正当陈、蔡士兵紧追不舍的时候，突然一支马头上蒙着老虎皮的晋军杀了出来。陈、蔡的战马见了，就以为是真老虎，于是落荒而逃，完全不受骑兵控制。

子玉接到陈、蔡军士带来的消息：晋文公已被右师击败，元帅赶快乘胜追击。子玉大喜，他往远处望去，只见远处烟尘蔽天，只当是晋军逃走扬起的尘土，不禁大笑道："晋军不堪一击！"

他不知道，前来报捷的士兵其实是晋文公的士兵假扮的，而那烟尘蔽天的现象，则是晋文公为了诱敌深入，命令士兵在马屁股上绑上树枝，然后由马带着树枝奔跑，故意制造的扬尘。

子玉马上下令左军全力扑进。楚左军看到一支打着帅旗的晋军一直在撤退，就紧追不舍，却遭遇了晋军的伏击，一败涂地。当子玉率领中军赶来的时候，发现自己早已进入了晋军的包围圈，而他的左右军已经被晋军消灭了。子玉急忙下令突围，他虽然突围了，但是他的兵将却所

剩无几，除了逃回楚国，再没别的选择了。

当敌人占有绝对优势，我方根本无法与其正面抗衡时，退却无疑是最好的办法，退却不是失败，而是转败为胜的关键所在。审时度势，能屈能伸，当退则退，当进则进，是一种智慧的处世态度。

悦读必考

1. 解释下面词语。

无言以对： _____

胸无大志： _____

2. 刘备是以什么理由逃离许都的？

_____

_____

_____

3. 查阅资料，请再举出一个"走为上计"的事例。

_____

_____

_____

配套试题

一、积累与运用。

1. 下列各组词语中，加点字读音没有错误的一项是（　　）

A. 妃嫔（pín）　单于（chán）　埋（mái）怨　穰（ráng）苴

B. 对峙（zhì）　庄贾（gǔ）　酷肖（xiào）　断壁残垣（yuán）

C. 冢冢（zhǒng）　范晔（yè）　差（chā）使　吹毛求疵（cī）

D. 留滞（zhì）　味同嚼（jué）蜡　晌（xiǎng）午　丢三落（là）四

2. 下列各组词语中，汉字书写完全正确的一项是（　　）

A. 栈道　张惶失措　核辐射　三顾茅庐

B. 招徕　暴戾恣睢　篮汪汪　重蹈覆辙

C. 妖娆　隔岸观火　天然气　世外桃园

D. 吞噬　五彩斑斓　文绉绉　恪尽职守

3. 下列各句没有语病的一句是（　　）

A. 生长在阿拉善西部的胡杨林是一种特别耐旱的树种，尽管那里干旱少雨，但一到夏季，胡杨总是郁郁葱葱的。

B. 行走在乌兰察布的灰腾席勒草原上，能使每一个人都看到水草丰茂的草甸，洁白如雪的羊群，以及唱着长调的牧人。

C. "乌海的煤碳后套的瓜，锡盟的羊肉香万家"，一首新版《谁不说俺家乡好》的歌曲，唱出了今天内蒙人的喜悦与自豪。

D. 青春往往伴随着成长的疼痛。此刻，每个坐在考场的学生，都在体验并经历这样一种人生难以回避的过程。

4. 下列句子中加点成语的使用，不正确的一项是（　　　）

A. 王垕依照曹操命令，以小斛分发军粮。曹操暗中派人到各营寨去探听风声，各营寨怨声载道。

B. 班长提议课外阅读《三十六计》，大家随波逐流，表示赞同。

C. 为迷惑曹操，刘备故意学圃种菜。曹操觉得刘备胸无大志，渐渐地对他失去了戒心。

D.《三国演义》中的曹操和历史上的曹操大相径庭，他其实是伟大的军事家、政治家。

二、阅读理解。

（一）官渡之战

东汉末年，军阀混战，河北袁绍乘势崛起。199年，袁绍率领10万大军攻打许昌。当时，曹操据守官渡（今河南中牟北），兵力只有2万多人。两军离河对峙。袁绍仗着人马众多，派兵攻打白马。曹操表面上放弃白马，命令主力开向延津渡口，摆开渡河架势。袁绍怕后方受敌，迅速率主力西进，阻挡曹军渡河。谁知曹操虚晃一枪之后，突派精锐回袭白马，斩杀颜良，初战告捷。

由于两军相持了很长时间，双方粮草供给成了关键。袁绍仗势从河北调集了1万多车粮草，屯集在大本营以北40里的乌巢，因为他不把小小的曹操放在眼里，于是没有安排重兵。曹操探听乌巢并无重兵防守，决定偷袭乌巢，断其供应。他亲自率五千精兵，打着袁绍的旗号，衔枚疾走，夜袭乌巢，乌巢袁军还没有弄清真相，曹军已经包围了粮仓。一把大火点燃，顿时浓烟四起。曹军乘势消灭了守粮袁军，袁军的1万车粮草，顿时化为灰烬，袁绍大军闻讯，惊恐万状，供应断绝，军心浮动，袁绍一时没了主意。曹操此时发动全线进攻，袁军士兵已丧失战斗力，10万大军四散溃逃。袁军大败，袁绍带领800亲兵，艰难地杀出重围，回到河北，从此一蹶不振。

1. 用一句话概括故事的主要内容。

_____

2. 文章第一自然段主要写了什么内容，其作用是什么？

_____

3. 分析曹操取胜的重要原因。

_____

4. 再举出两个我国历史上以少胜多的战例。

_____

（二）青梅煮酒论英雄

东汉末年，曹操挟天子以令诸侯，权倾朝野。刘备虽贵为皇叔，但势单力薄，无法与曹操抗衡。为了防止曹操加害自己，刘备装出一副胸无大志的样子，在家里种菜。

一天，曹操派人请刘备去喝酒。刘备不敢怠慢，赶紧放下手中的事情，胆战心惊地来到曹操府上。一进曹府，曹操劈头就问："你在家做的大好事！"刘备一听，以为曹操看透了自己的心思，吓得面如土色。可曹操却亲热地牵着刘备的手，询问他种菜是否辛苦，并告诉他："我看到花园青梅已上枝头，又恰逢仆人们煮好了酒，就邀你来同饮。"刘备听罢，这才放了心。

两人来到后花园的小亭，亭中的小桌上已经摆上了青梅和酒樽。两人坐下，对饮起来。酒至半酣，忽然阴云密布，骤雨将至。仆人说天边有条龙，两人凭栏观龙，曹操借题发挥谈论起谁是当今的英雄来。刘备说了几个堪称英雄的人，都被曹操否认了。其实，此时曹操正在揣摩刘

备的心思，想知道他是否有称雄称霸的野心。于是就说："天下的英雄只有你我俩人！"

刘备一听，大惊失色，连筷子都吓掉了。恰巧风雨大作，天空中打起雷来，刘备趁机说他害怕打雷。曹操听后，哈哈大笑。曹操觉得一个连打雷都害怕的人，没有什么大出息，从此就放松了对刘备的警惕。

刘备假装胆小怕事，因此躲过了灾祸，并逐渐强大起来。

1.曹操为什么要试探刘备？

_____

2.从内容上看，曹操认为谁才是真正的英雄？

_____

3.刘备听到曹操的话为什么会吃惊，还把手中的筷子掉到地上？

_____

4.仅就选文内容来看，你认为曹操是一个什么样的人？请简要回答。

_____

三、作文。

以"那段 _____ 的日子"为题，写一篇文章。

要求：

①请你从"温暖""自由""孤单""烦心"四个词语中选择一个，把题目补充完整。

②文体不限。

③不少于600字。

参考答案

胜战计

第一计　瞒天过海

1.bìn bèi ài tà

2.B

3.略

第二计　围魏救赵

1.qiāng peng jiǎo

2.示例：班超制服鄯善，在于他拥有一个"围魏救赵"的计策。

第三计　借刀杀人

1.mán hú zài

2.反问句：我难道有什么罪吗？改句虽然加强了语气，但与当时场景不符，当时王垕大惊失色，原句"实在"一词，更加肯定自己是冤枉的。3.如：升、斗、石、釜、钟。

第四计　以逸待劳

1.略

2.陆逊认为刘备锐气始盛，于是决定实行战略退却，以观其变。吴军完全撤出山地，使蜀军处于被动地位，欲战不能，兵疲意阻。陆逊一把火，烧毁蜀军七百里连营，伤亡惨重，慌忙撤退。

第五计　趁火打劫

1.yè chéng duò luò diāo bì xiāo yī gàn shí

2.刘表据不足虑，趁袁谭、袁尚兄弟交恶，我们应趁其内乱而取之，良机不可丧失。

3.示例：公元前494年，吴王夫差兴倾国之兵，一举打败越国军队。在万般无奈之际，只好向吴求和。勾践卧薪尝胆，麻痹了吴王对其的警戒。后来，吴国大臣伍子胥被杀害，国内又遭严重旱灾，田里连螃蟹、水稻都干死了，国内一片混乱的景象，百姓怨声四起。恰在这时，吴王夫差又北上和中原各国诸侯在黄池会盟，国内空虚。越王勾践趁火打劫，亲自率兵数万，彻底打败了吴国。吴王夫差被困于阳山，最后自杀。

第六计　声东击西

1.bó shǔ zàn

2.(1) 对偶　　(2) 比喻　(3) 排比　　(4) 拟人

3.略

敌战计

第七计　无中生有

1.xiáng qiáo fá yōng suǒ

2.略

第八计 暗度陈仓

1.建立 缓慢 安心 加紧

2.略

3.相同点：都有迷惑敌人、隐蔽进攻的作用。不同处：声东击西，隐蔽的是攻击点；暗度陈仓，隐蔽的是攻击路线。

第九计 隔岸观火

1.殆 炎炎 隔 袖 蹶 怠 埋

2.示例：我欣赏诸葛亮，欣赏他能够巧借东风，用苦肉之计，谈笑间樯橹灰飞烟灭。

3.略

第十计 笑里藏刀

1.fēi pín hào wù ē yú fèng chéng

2.略

第十一计 李代桃僵

1.wú zì lā lā 蹋 曳 踵

2.略

第十二计 顺手牵羊

1.jiǎn kào bì sù zhì mò

2.鸡没有偷到，反而损失了一把米，比喻本想占便宜反而吃了亏。如：醉翁之意不在酒、宰相肚里能撑船等。

3.示例一：春秋时期的齐鲁长勺之战。示例二：三国时期的魏吴赤壁之战。

攻战计

第十三计 打草惊蛇

1.略

2.略

3.示例：徐庶投靠刘备后，接连打了几个胜仗。曹操想招募徐庶，其谋士程昱于是教曹操把徐庶的老母赚至许昌，然后命其写书信招徐庶来归。为此，徐庶不得不离开刘备，投入了曹营。然而，曹操虽然得到了徐庶，徐庶却从不为他出谋划策。原因一是徐庶笃于对刘备的情义，回到曹营不是出于本心；二是徐庶老母不堪要挟，愤而自缢。徐庶深恨曹操，发誓不为曹操设一计谋。

第十四计 借尸还魂

1.戌 愿 恐 尊 迷 尉

2.略

第十五计 调虎离山

1.仰慕：佩服尊重。 后顾之忧：指在前进过程中，担心后方发生问题。

2.示例：《西游记》中唐三藏一行人西行取经时，唐三藏、猪八戒因误饮子母河照胎泉的水，腹痛成胎，于是孙悟空经由当地老婆婆指点想要寻求落胎泉水救治两人。但落胎泉被妖道如意真仙占据，要收礼才给水。且如意真仙是牛魔王的兄弟，与唐僧一行人有冤仇，不愿意让他取水。孙悟空于是叫沙和尚当他的助手，再一次来到聚仙庵。孙悟空想出办法，先把如意真仙引出聚仙庵交战，沙和尚再乘机进去，探井取水。这个方法果然奏效，沙和尚取到了水。

第十六计　欲擒故纵

1.dāng当然　dàng上当　quān圈套　juàn羊圈
2.B

第十七计　抛砖引玉

1.冥　冥思苦想：绞尽脑汁，苦思、苦想。　鼎　大名鼎鼎：形容名气很大。　霆　大发雷霆：极响的雷，比喻大发脾气，大声地斥责。
2.略

第十八计　擒贼擒王

1.要挟　执意　边疆　计谋
2.束手就擒：没有抵抗，乖乖地让人抓住。擒贼擒王：捉拿贼寇应当先捉住贼寇的头领。比喻做事要抓住要害。
3.略

混战计

第十九计　釜底抽薪

1.zhì cháo xián jí kuì zhǒng
2.略
3.略

第二十计　浑水摸鱼

1.赤壁　攻取　祝贺　骄傲　欺骗　寂静　旌

旗　奉命
2.略

第二十一计　金蝉脱壳

1.jiù qí xíng guān
2.万危　绞汁　争恐　仓皇　暇顾　还

第二十二计　关门捉贼

1.dié xī háo jié bì
2.略
3.示例：醉翁之意不在酒。语出《醉翁亭记》，意不在喝酒，而在于欣赏山中的风景。后用来表示本意不在此而在别的方面。

第二十三计　远交近攻

1.yāng jū yú shān
2.略

第二十四计　假道伐虢

1.yú guó jí guī
2.（1）虞国的国君贪得无厌。（2）虞国是小国。（3）借道给晋国，导致虢国灭亡。（4）不懂得唇亡齿寒的道理等。
3.唇亡齿寒

并战计

第二十五计　偷梁换柱

1.shè jì xī tián
2.埋怨　宽恕　采取　驳回

第二十六计　指桑骂槐

1. ráng　yàn　gǔ　chǔ

2. 抬举　骄恣　处置　照应　接待　光复

3.（1）治军严明。（2）刚正不阿、铁面无私。（3）不惧权贵。（4）爱护士卒等。

第二十七计　假痴不癫

1. 倾　怠　战　腹

2. 刘备虽贵为皇叔，但势单力薄，无法与曹操抗衡。为了防止曹操加害自己，刘备就装出一副胸无大志的样子，整日在家里种菜，养精蓄锐，等待时机。

3. 一是曹操为人狂妄，认为天下唯我独尊，二是刘备的胆怯正遂他的心愿，不由得大笑。

第二十八计　上屋抽梯

1. 略

2.（1）撤退时故意做出队伍涣散的样子，诱骗敌人。（2）交战之前，在敌士气仍存时，麻痹敌人。（3）敌人完全丧失战斗力时，攻击敌人。

3. 略

第二十九计　树上开花

1. D

2.（1）坚持持久战，拖垮敌军。（2）离间燕国君臣关系，使燕君剥夺了乐毅的指挥权。（3）让燕军挖齐军祖坟，以激起众怒。（4）让燕军虐待齐军俘虏，激起齐军仇恨。（5）用"火牛阵"冲击燕军，收复了所有失地。

第三十计　反客为主

1. bō hé gě xī fù zàn

2. 略

败战计

第三十一计　美人计

1. 瑟瑟　不离　重重　交迫　旦夕　浅　低

2. 略

第三十二计　空城计

1. xián zhì sù yì chǎng jīng

2. 示例：《资治通鉴·宋纪》北魏出兵突然进攻济南，济南太守萧承之手下只有几百士兵，因为敌人来得意外，搬请救兵已来不及。萧承之忽生一计，便叫打开城门，藏匿士兵，故意装出一片神秘的气氛。城中人说："贼人势众，我军兵少，怎能如此轻敌？"萧承之说："如今孤城一座，兵微将寡，势难抵敌。假如再向敌人示弱，后果不堪设想；只有使敌人疑我埋伏，不敢进迫，才是上策。"果然魏兵大至，看见城外这般模样，十分疑惑，于是撤走了。

第三十三计　反间计

1. 佯　露　遣

2. C

3. 略

第三十四计　苦肉计

1. sàn bù　tóu bèn　láo yù　jǐng tì

2. 略

3. 略

第三十五计 连环计

1.悍 涂 淋漓 琅琅

2.要点:两次,一次是反间计,周瑜故意装醉,让蒋干偷走伪造的蔡瑁和张允给周瑜的私信,从而借曹操之手杀了蔡、张二人。第二次是连环计,周瑜故意安排蒋干巧遇庞统,让庞统为曹操献计,使战船连在一起,为火烧曹操战船做了准备。

3.(1)毕再遇的部队与金兵遭遇时,采取游击流动战术,把金兵搞得疲惫不堪。(2)毕再遇准备了许多用香料煮好的黑豆,偷偷地撒在阵地上。金军追击时,战马抢着吃黑豆,毕再遇趁机反攻。

第三十六计 走为上计

1.无言以对:完全没有充分的理由和语言来反驳。 胸无大志:心里没有远大的志向。 2.用请兵到徐州阻击袁术的理由逃离了许都。

3.1206年,南宋名将毕再与金军交战,金军的势力远大于宋军,毕再见情势不妙,连忙下令使出"走为上计":趁夜间休战宿营之时,让部队迅速拔营而去。为了不让金军发觉,为了

给撤退留下充足的时间,毕再让部下把羊吊在大树下,把羊的前腿放在战鼓的鼓面上,羊经受不起长久的倒悬,它一挣扎,羊腿就擂响战鼓,使金兵以为宋军还在军营里。

配套试题

一、1.B 2.D 3.C 4.B

二、(一)、1.曹操采取切断袁绍粮食补给的方式,以少胜多,在官渡大败袁绍。

2.交代故事发生的时间,地点,双方实力对比,作用是为了更进一步描写曹操的智谋。

3.曹操采取避实就虚的方式,袁绍在乌巢兵力部署较弱,而乌巢又是袁绍的后方补给地。曹操就是抓住袁绍的弱点,占领乌巢,使袁绍军心大乱,进而取得大胜。 4.示例:淝水之战、齐鲁长勺之战、赤壁之战。

(二)、1.刘备贵为皇叔,曹操恐怕刘备对自己有威胁,想试探刘备有没有雄才大略。 2.自己和刘备。 3.以为自己苦心经营的韬晦之计被曹操知晓,恐性命不保. 4.豪爽进取,富有进取心,敢作敢为,有大将之风。

三、略